元国税調査官の
税理士に聞いてみた

「フリーランスの税金を1円でも安くする方法を教えてください」

税理士
松嶋 洋

聞き手 永峰英太郎
マンガ たけだみりこ

フォレスト出版

元国税調査官の税理士に聞いてみた

「フリーランスの税金を1円でも安くする方法を教えてください」

税理士
松嶋 洋

聞き手 永峰英太郎
マンガ たけだみりこ

フォレスト出版

大学卒業後、
金融機関勤務を経て、
東京国税局に入局
そこで見た風景は、
いいかげんなものだった
東京国税局
TOKYO REGIONAL TAXARION BREAU
自分の手柄
しか考えない
国税調査官
ココ修正!!
本来であれば
正しく課税すべき
税金をさじ加減で
取ったり
取らなかったりする
国税調査官…
まいどあり〜
公平という
税の理念とは矛盾する
不公平ばかりの
世界でした
この状況にうんざり
したわたしは、
辞めることを決意し、
税理士の資格を
取ったんです
皆さんが
確定申告のときに
一番考える
ことって
何でしょうか?

はい！
いかに税金を
安くするか
に尽きます！
フリーライター歴20年、著書12冊
永峰英太郎
ですよね
うん
うん
うん
うん
うん
うん
うん
それには
経費を多く計上する
ことが大切ですが
じつは、この
「経費の範囲」で、
困っている調査官を
多く見てきたんです

経費には「シロ（合法）」と「クロ（違法）」があります
そういうのは誰も困らない
経費で！
参考資料の本
猫のオモチャ
でも、ケースバイケースで判断しないといけない経費もあります
これも!! 講演会用に買いました！
スーツ一式
ケースバイケースで正解はないのに、調査官の中には「経費ではない」と指導する人も多いのです
こっちはいいけどこういうものたちは経費にはなりません
えっ…スーツもですか？
猫のオモチャ
スーツ一式
参考資料の本
もしかしたら経費になり得るのに？
そうです

国税調査官＝正しい
ではないんです！
だからこそ、
この本の出番
なんです
いかにグレーゾーンを
経費化するか、
そのノウハウが
詰まっていますよ
ぜひ、教えて
ください！
それでは
講義スタート！

はじめに

「先生、うちの税金もっと安くならないの?」

税理士である私には、日々このような相談が多く寄せられています。「税理士は税金の専門家ですから、当然節税にも詳しいはず」——こんな思いで相談に来られる方が多いですが、実は税理士は節税があまり得意ではありません。

実際のところ、税理士が提案する節税のほとんどは決まりきったもので、インターネットを少し調べれば書いてあることばかりです。

このような状況になっている理由は大きく2つあります。

1つは、私たちを取り巻く税金の法律(税法)は税金を取るための法律であるため、基本的に節税を認めていないからです。もう1つは、税金を取る役所(税務署)に対して、税理士も苦手意識を持っていることが多いからです。

税務署は確定申告に間違いないかを税務調査で確認する役所ですので、申告に間違いがあれば、それは税理士の責任になります。となると、クライアントである納税者からお叱りを受けることがあり、場合によっては損害賠償請求をされます。

それにとどまらず、そもそも税理士という資格は税務署の親分である国税庁から与えられるものです。となると、税務署ににらまれると税理士の資格がはく奪される場合もあり得るわけで、「税務署ににらまれたくない」と考える税理士も多いのです。

そんな理由から、税理士が提案する節税は、マニュアル化された節税に限られるのです。困ったことに、このような節税はそれほど効果のあるものではありません。結果として、皆さまが期待するほど税金は下がらないことが多いのです。

しかし！　実はもっとかしこく税金を下げる方法があるのです。それを知っているのは、税務署を怖がらない税理士です。それが、税務署のＯＢである「国税ＯＢ税理士」です。

国税ＯＢ税理士は税務署出身者であるため、基本税務署をナメています。中には税務署をナメすぎて、脱税を行なう愚か者もいますが、税務署を甘く見ていますので、「ここまでなら、税務署は文句を言わない」という線引きを理解しており、その範囲内でうまく節税しています。具体的に、彼らがやっているのは、「税務調査で節税する」というテクニックです。

税務調査と聞くと多くの方が「怖い」と思われるでしょう。しかし、実はイメージとは異なり、税務調査はかなりいい加減な世界で、本来は通らない経費が認められて節税できるなど、常識では考えられないことが往々にして起こります。

加えて、税務調査をクリアしてしまえば、あとから税金を取られるということも原則ありませんので、うまく税務調査を活用し、乗り切ることができれば、結果として税金を安くすることができるのです。

申し遅れました。私は元税務署の調査官（国税調査官）で、税理士の松嶋洋と申します。

脱税を取り締まるという税務調査の厳格さに憧れて税務署に入りましたが、そこで見たのは、実にいい加減な税務調査でした。

多くの調査官は「脱税などの不正を見つければいいので、ほかのミスには目をつむってもいい」くらいに考えており、多くの納税者が気にする「経費になるか、ならないか」といった判断はほとんど考えていませんでした。このため、皆さまが思う以上に、税務調査では多くの経費が認められているというのが正直なところです。

本当に効果的な節税を考えるなら、この税務調査の実態をうまく活用するべきなのです。ここをうまく活用すれば、皆さまの節税できる金額は大きく上がります。なぜなら、節税の肝は経費だからです。

私はよくセミナーで次のことを言っています。

「経費は落ちるものではありません。経費は（税務調査で）落とすものなのです」

ぜひ、税務調査を活用する、このノウハウを身につけてください！

第4章 税務調査は節税の切り札になる

第5章 グレーゾーンを経費として認めさせるマル秘テクニック

第6章 ちょっと知っておきたい法人化のこと

構成
永峰英太郎
マンガ
たけだみりこ
ブックデザイン
bookwall
本文DTP&図版制作
津久井直美、近藤真史
プロデュース&編集
貝瀬裕一（MXエンジニアリング）

第1章

所得税を安くするカギって、ずばりナニ？

税務署
はぁ…
こんなに働いてるのに、所得税が高すぎて、手元にお金が残らない……
確定申告書
税務署
申告ご苦労さまでした〜
確定申告はお早めに！
なんとかならないかな…
あ
節税ならお任せ！
元国税調査官・税理士 松嶋洋
節税か…
ちょっと行ってみるか！

こんにちは
どうも！税理士の松嶋洋です！
お話うかがいましょう！
えーっと所得税が高くて、何かいい方法がないかなと…
ありますよ
マ、マジですか？
ええ

あなたは、どのくらいの収入がありますか？
収入
＝仕事で稼いだ売り上げの総額
ええと、800万円くらいでしょうか？
では、所得はどのくらいですか？
400万円くらいです
こりゃやりがいあるなぁ
ボソ
ニヤリ…
それ、ちょっと節税対策をしなさすぎですよ

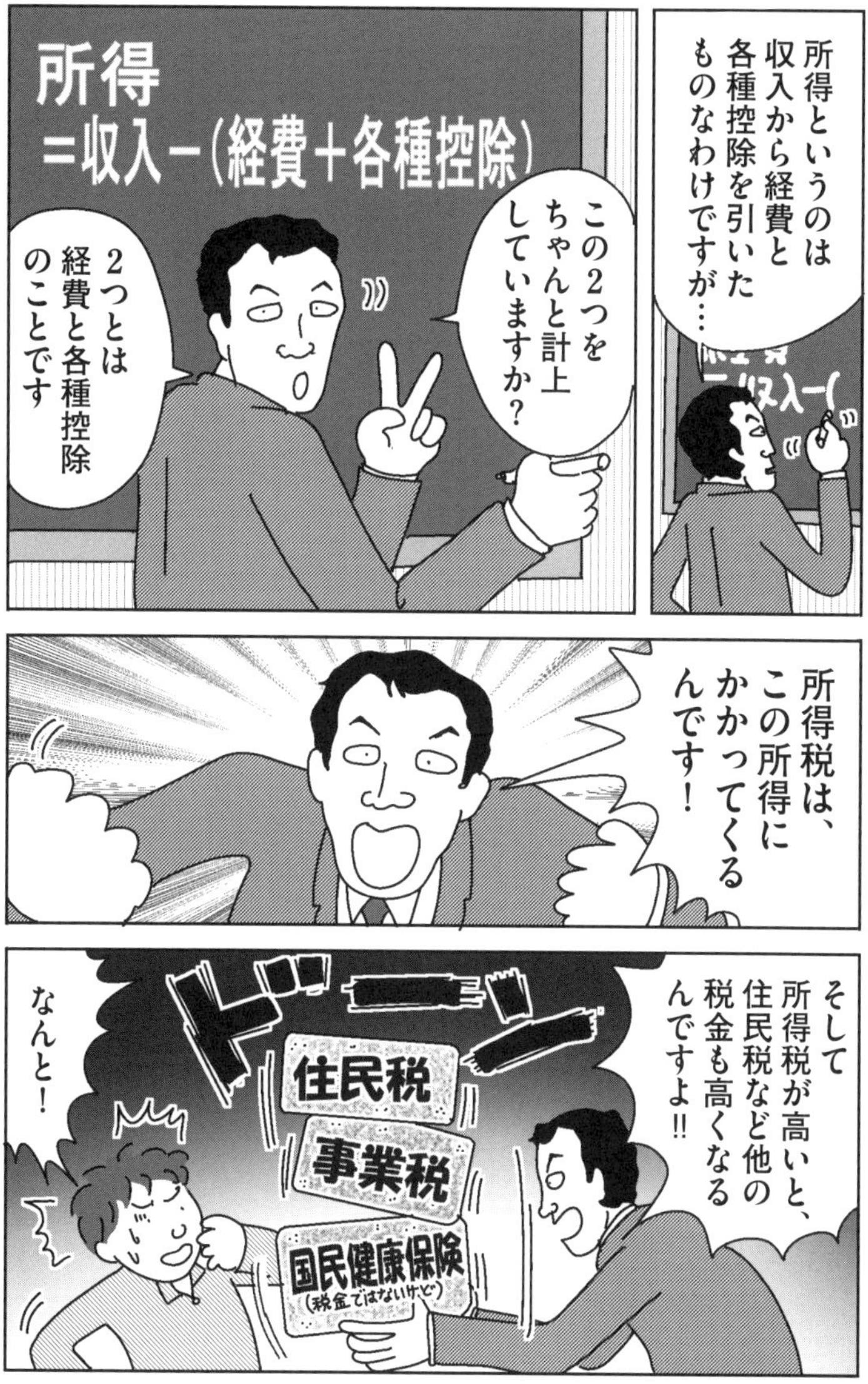

所得というのは収入から経費と各種控除を引いたものなわけですが…
所得
＝収入－（経費＋各種控除）
この2つをちゃんと計上していますか？
2つとは経費と各種控除のことです
所得税は、この所得にかかってくるんです！
そして所得税が高いと、住民税など他の税金も高くなるんですよ!!
住民税
事業税
国民健康保険
（税金ではないけど）
なんと！

そして
経費と各種控除が
多ければ、
所得は抑えられ…
収入は
同じでも…
所得
経費
各種控除
所得
各種控除
経費
税金は安く
なるんです
おおっ

各種控除というのは社会保険料控除、生命保険料控除、配偶者控除……
けっこう控除ってあるんだなぁ
でも、控除も大切ですが何よりも、節税対策のカギを握るのが
経費なんです！
所得
各種控除
経費

01

所得税は、どんな税金のこと？

会社から給与をもらうサラリーマンのことを**「給与所得者」**といいます。一方、フリーランスの人間は事業を行ない、その対価として報酬を得ているため**「事業所得者」**となります。給与所得者と事業所得者には、共通した言葉が使われています。それが**「所得」**です。

よく「年収1000万円」といった言葉を耳にすると思いますけど、この「年収」って、どういう意味かわかりますか？

儲けて、自分の懐に入るお金のことじゃないんですか？

そう勘違いする人が多いんですよ。年収とは「収入」のことで、経費や社会保険料、各種控除が引かれる前の総支給額のことなんです。だから、たとえ年収１０００万円でも、そのお金を稼ぐために、９００万円を費やしていたら、手元には１００万円しか残らないんです。

全然儲かってないじゃないですか！

そうなんです。年収１０００万円だからといって、お金持ちというわけではないんですよ。そして、この１００万円こそが「所得」にあたる部分なんです。

所得税の対象になるのは、「収入」ではなく「所得」にあたる部分です。

所得税には、大きな特徴があるんです。それは「超過累進課税」という点です。

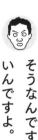

「累進」とは「数量の増加に従い、比率が増すこと」ですよね？　つまり、所得が多いと、それだけ税金が高くなるということですか？

そうなんですよ。左ページ下の「所得税・復興特別所得税額の速算表」を見てください。

うわぁ！　所得が195万円以下で所得税率5パーセントなのに、4000万円を超えると、45パーセントにも跳ね上がっています！

所得が上がれば、そのぶん所得税率も上がる――そう考えると「収入は多くてもかまわないけれど、所得はできるだけ抑えたい」と思いませんか？　その実現のために行なうのが、節税対策なのです。

日本では、所得税の納税については、「申告納税」という形をとっています。つまり、自分自身で「この金額の所得がありました」と申告して、納税額を決

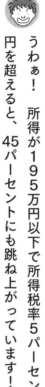

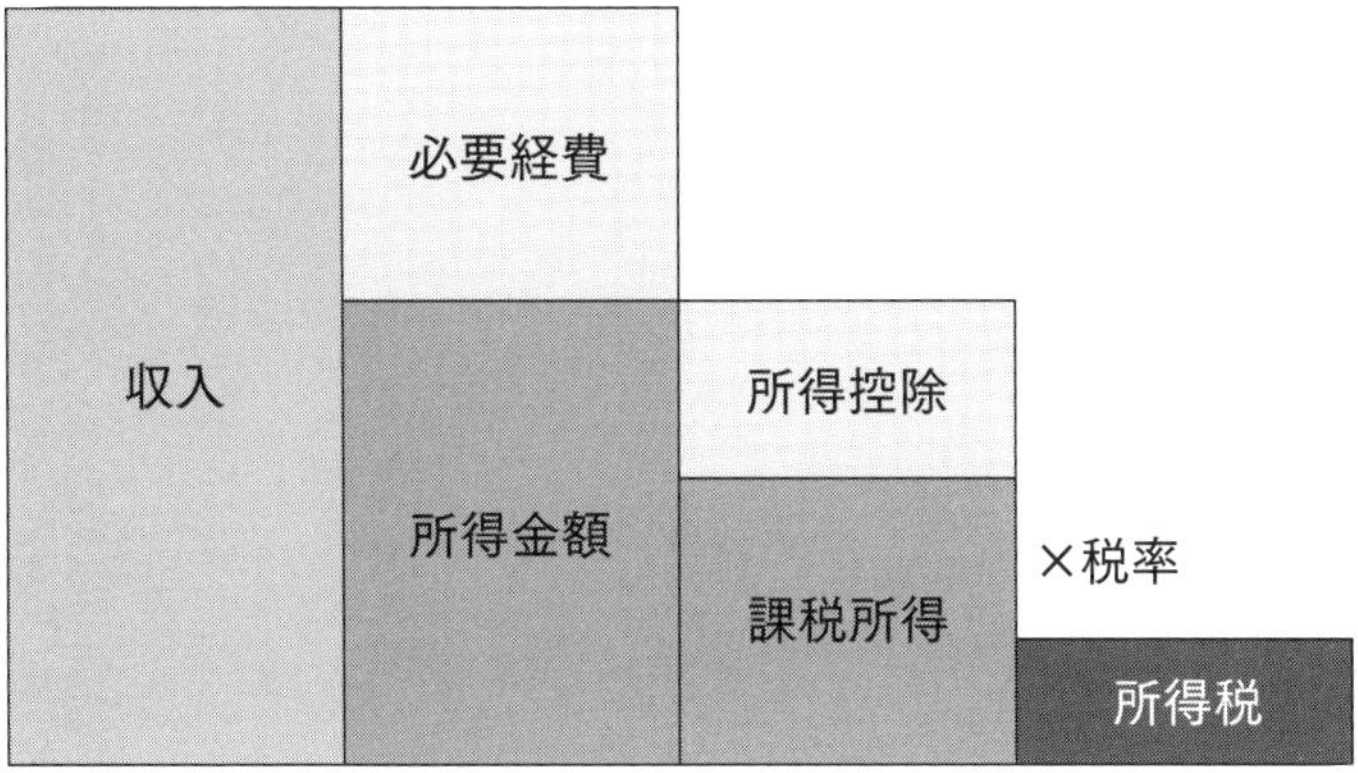

所得税は課税所得にかかる

所得税・復興特別所得税額の速算表

課税される所得金額	税率	控除額
1,000円から1,949,000円まで	5%	0円
1,950,000円から3,299,000円まで	10%	97500円
3,300,000円から6,949,000円まで	20%	427,500円
6,950,000円から8,999,000円まで	23%	636,000円
9,000,000円から17,999,000円まで	33%	1,536,000円
18,000,000円から39,999,000円まで	40%	2,796,000円
40,000,000円以上	45%	4,796,000円

めるわけです。

これが確定申告というものですね。

そのため、節税対策は、納税者自身が行なうべきものということができるんです。そして、そのカギを握るのが、経費をいかに計上するかということなんです。

実は、サラリーマンは必要経費の額があらかじめ決められています。年間55万円から最大195万円までなのです。これを**「給与所得控除」**といいます。なお、平成25年（2013）からは、勤務必要費（図書費・衣服費・交際費）なども特定支出として認められることになっています。

しかし、その適用額は無限というわけではありません。

特定支出の合計額が給与所得控除額の2分の1を超えている部分に適用され、その超えているぶんの金額を給与所得控除後の所得金額から差し引くことができるのです。

65万円が上限なのです。一方、フリーランスは、経費の限度額はいっさい定められていません。

つまり、仕事のために使ったお金は、すべて経費にすることができるってわけなんです。これはサラリーマンにはないフリーランスの特権といえるんです。

02

各種控除も節税のカギとなる

いかに経費を計上するかが、所得を抑えるポイントになりますが、もう1つ忘れてはならない存在があります。それが**「所得控除」**です。

所得は、売上（収入）から経費を引いて算出しますが、そのほか、所得控除も差し引くことができます。

所得控除には「社会保険料控除」や「生命保険料控除」「ひとり親控除」などがあります。社会保険料控除は、国民年金保険料や国民健康保険料などの全額が控除の対象になります。

所得控除一覧

確定申告の所得控除まとめ

- 寄附金控除
- 医療費控除
- 雑損控除
- 基礎控除
- 扶養控除
- 配偶者特別控除
- 配偶者控除
- 障害者控除
- 勤労学生控除
- ひとり親控除
- 寡婦控除
- 地震保険料控除
- 生命保険料控除
- 小規模企業共済等掛金控除
- 社会保険料控除

いろいろあるものですね。ひとり親の場合は35万円の所得控除（所得金額500万円以下等の場合）が受けられるのですね。

こうした所得控除の中でも、代表的なものが、「配偶者控除」と「扶養控除」なんです。配偶者がいる場合は前者、子どもがいる場合は後者の対象になります。しかし、この控除を受けるには、1つの条件があります。それは「納税者の扶養に入っているか」です。

つまり、「経済的に自立していない」ということでしょうか？

その通りです。

それぞれ見ていきましょう（左ページ表）。

まず、配偶者控除の適用を受けるには、「納税者本人の所得が１０００万円以下」であるとともに「配偶者の年間の合計所得金額が48万円以下（パートタイマーなど給与収入のみの場合は年間１０３万円以下）」という条件があります。

配偶者控除の控除額は、納税者の所得に応じて、控除額が段階的に決まっています。

配偶者特別控除は、「納税者本人の所得が１０００万円以下」であるとともに「配偶者の年間の合計所得金額が48万円超１３３万円以下」という条件があります。

配偶者特別控除の控除額は、納税者の所得と配偶者の所得の両方に応じて、控除額が段階的に決まっています。

		居住者の合計所得金額		
		900万円以下	900万円超 950万円以下	950万円超 1,000万円以下
配偶者控除	配偶者の合計所得金額48万円以下	38万円	26万円	13万円
	老人控除 対象配偶者	48万円	32万円	16万円
配偶者控除特別控除	配偶者の合計所得金額 48万円超　95万円以下	38万円	26万円	13万円
	95万円超　100万円以下	36万円	24万円	12万円
	100万円超　105万円以下	31万円	21万円	11万円
	105万円超　110万円以下	26万円	18万円	9万円
	110万円超　115万円以下	21万円	14万円	7万円
	115万円超　120万円以下	16万円	11万円	6万円
	120万円超　125万円以下	11万円	8万円	4万円
	125万円超　130万円以下	6万円	4万円	2万円
	130万円超　133万円以下	3万円	2万円	1万円
	133万円超	0円	0円	0円

配偶者控除と配偶者控除特別控除（令和２年分以降）

一方、扶養控除は、16歳以上19歳未満、23歳以上70歳未満で38万円。70歳以上だと原則48万円。19歳以上23歳未満で63万円を控除できます。ただし、給与収入が103万円を超えるような場合は、扶養控除の適用は受けられなくなります。

たとえば、納税者（合計所得金額900万円）の妻が無職で、18歳の子どもが3人いるケースで見ていくと、配偶者控除が38万円、扶養控除が38万円×3人で114万円で、合計152万円が控除されるわけです。（※70歳以上は配偶者控除48万円）

すごいですね。

この控除を入れ、ほかに社会保険料控除（たとえば約54万円の場合）、基礎控除（48万円）を入れると、所得が500万円の場合、所得税は約15万円となります。一方、配偶者控除と扶養控除がないとすると、所得税は約37万円になります。

03

所得税が高いと、ほかの税金も高くなるの？

経費を多く計上し、所得を下げるメリットって、すごく波及効果があるんです。

所得税そのものの額を減らすだけではないんですか？

それだけではないんです。ほかの税金も安くすることができるんです。その1つが住民税です。住民税もまた、所得をもとに計算されるからです。

「住民税」とは、都道府県と市区町村に収める税金のことで、**「所得割」**と**「均等割」**

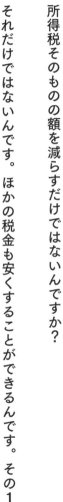

からなっています。

所得割とは、所得に税率を乗じて計算されるもので、税率は原則、市町村民税6パーセント、道府県民税4パーセントの合わせて10パーセント。均等割は定額で、市町村民税3500円、道府県民税1500円の合わせて5000円となっています。

でもよく「住民税の高い地域がある」と耳にしますが？

自治体ごとに税率が異なることがあります。また都道府県でも、道府県民税に上乗せを行なっているケースもあるんです。

住民税のほか、事業税も所得に応じてかかってくる税金です。事業税は事業を営んでいる人が納める税金のことです。

事業税は、第一種事業、第二種事業、第三種事業と、事業の種類によって区分けされ、それぞれ税率が違います。なお、事業税は年間290万円の控除が認めら

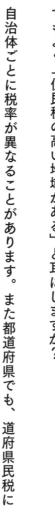

れており（事業主控除額）、所得が290万円以下の場合、税金はかかりません。

あれっ？　私、事業税を払ったことがありません。所得は290万円は超えているのですが……。

あなたが「文筆業」だからですよ。スポーツ選手や芸能人、音楽家、漫画家などは、事業税がかからないのです。

次ページの表を見ると「出版業」や「写真業」はかかるんですね。もし私が「出版業」として申告していたら、事業税がかかってしまっていたのか。

そうしたことにも注意しながら事業を行なっていくことが大切なんですよ。

なお税金ではありませんが、国民健康保険料も所得に応じて計算されます。具体的には、「所得割額」「均等割額」「平等割額」を基に計算されます。

区分	税率	事業の種類			
第1種事業（37業種）	5%	物品販売業	運送取扱業	料理店業	遊覧所業
		保険業	船舶定係場業	飲食店業	商品取引業
		金銭貸付業	倉庫業	周旋業	不動産売買業
		物品貸付業	駐車場業	代理業	広告業
		不動産貸付業	請負業	仲立業	興信所業
		製造業	印刷業	問屋業	案内業
		電気供給業	出版業	両替業	冠婚葬祭業
		土石採取業	写真業	公衆浴場業（むし風呂等）	―
		電気通信事業	席貸業	演劇興行業	―
		運送業	旅館業	遊技場業	―
第2種事業（3業種）	4%	畜産業	水産業	薪炭製造業	―
第3種事業（30業種）	5%	医業	公証人業	設計監督者業	公衆浴場業（銭湯）
		歯科医業	弁理士業	不動産鑑定業	歯科衛生士業
		薬剤師業	税理士業	デザイン業	歯科技工士業
		獣医業	公認会計士業	諸芸師匠業	測量士業
		弁護士業	計理士業	理容業	土地家屋調査士業
		司法書士業	社会保険労務士業	美容業	海事代理士業
		行政書士業	コンサルタント業	クリーニング業	印刷製版業
	3%	あんま・マッサージ又は指圧・はり・きゅう・柔道整復その他の医業に類する事業			装蹄師業

法定業種と税率（出典：東京都主税局 HP）

所得が高くなると、所得税だけではなく住民税、事業税、そして国民健康保険料も高くなるということを理解すれば、所得をなるべく低く抑える——つまり、経費を多く計上することの大切さを強く実感できるのではないでしょうか。ただし、所得は安ければ安いほどいいとは言い切れないことも、頭の片隅に入れておいてください。

えっ？　そうなんですか？

フリーランスにとって、社会的な信用を得るには、やはり所得の多さがポイントになってくるからです。たとえば、フリーランスが家のローンを組むときには、確定申告書の提出が求められます。

所得が低いと、相手は「貸したくない」と思うわけか。そのあたりのバランスもきちんと考えていく必要があるんですね。

04 もっと得をしたいなら、青色申告!

フリーランスが確定申告を行なう場合は、白色申告か青色申告のいずれかを選ぶことになります。結論からいえば、青色申告を選ぶべきです。

青色申告というと、何か難しいイメージがあるんですよね……。数字に弱い私にでもできるんでしょうか?

青色申告には「10万円控除」「最大65万円控除」の2種類があって、このうち敷居が高いのが、後者です。複式簿記で帳簿をつけないといけないですから。

でも10万円控除の場合は、「簡易簿記」という簡単な方法による記帳作業が求められるだけなんです。

本当に簡単なんですか？

おこづかい帳をつけるようなイメージです。慣れれば簡単ですよ。それに今では白色申告でも記帳義務が課せられているわけですから、両者の違いはほぼないんですよ。それだけに、まずは10万円控除が可能な青色申告からスタートすればいいと思います。

ここまで読んで「でもメリットは10万円の控除だけでしょ？」と思った人もいることでしょう。実は、それだけではないのです。

あなたは奥さんに仕事を手伝ってもらっていませんか？

あります、あります。日常的にインタビューテープの書き起こしなどをお願いしています。

そうした場合で専業など一定の要件を満たす場合には「青色専従者給与」を使うことができるんです。

奥さんに給与を払うことができるんですか？

そう。その額は過大でなければあなたが決めて税務署に届け出ればＯＫで、その費用は経費として計上できるんです。

月に10万円払ったら、年間１２０万円を経費化できるんですか？

そうなんですよ。この仕組みは白色申告にはないものです。

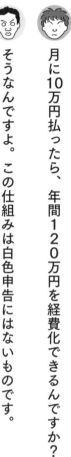

青色申告のメリットは、まだまだあります。その年の赤字を翌年に繰り越せる**「純損失の繰越控除」**もその1つです。計3年間持ち越すことができます。

たとえば、2022年（令和4）は仕事が不調で1000万円の赤字が出たとしますね。でも翌年は、調子がよくなってきて300万円の黒字になったとします。通常であれば、23年分は所得税が発生するわけですが、22年の1000万円の繰越損失額を相殺することができるんです。つまり、23年は700万円の赤字になるんです。

ということは、23年も所得税はゼロになるってことですか？

そうなんです。さらに24年についても、23年に300万円の黒字が出たとしても、相殺し切れなかった繰越損失額（700万円）を相殺できるんです。つまり、24年は400万円の赤字になります。

〈純損失の繰越し控除〉

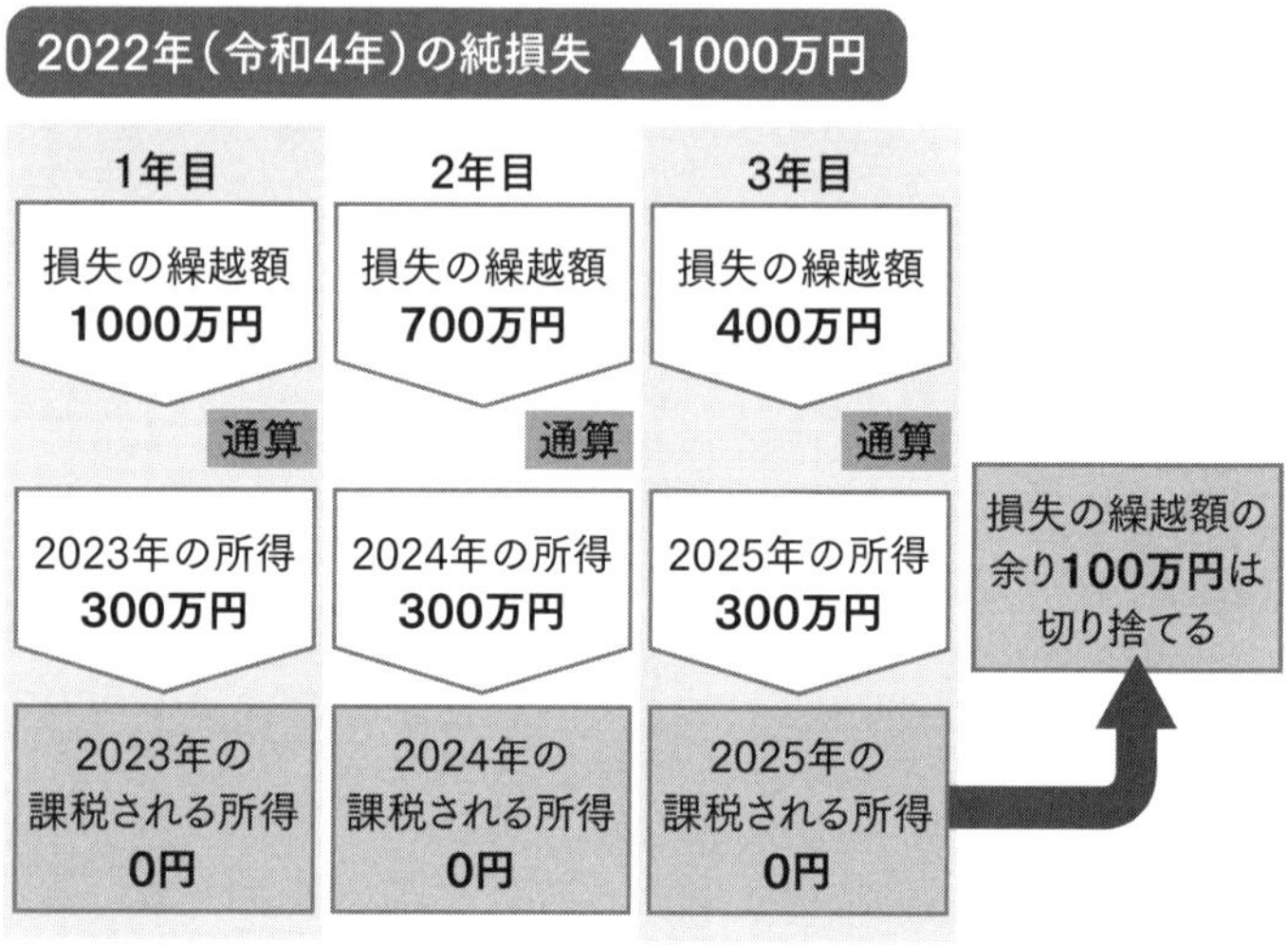

なお、青色申告の申請は、開業から2カ月以内か、その年の3月15日までに行なわないと認められません。そのため、次の確定申告のときに、忘れずに申請を行なうようにしましょう。具体的には「所得税の青色申告承認申請書」を税務署に提出することで、認められるようになります。書類は国税庁のホームページからダウンロードできます。

第2章
そもそも経費って、なんなの？

書籍代 コーヒー代 パソコン代 スマホ代……
仕事のために何か買っても
うーーん
これは経費になるかなぁ? って悩むんですよ
それで、いつも見送っているんじゃないですか?
はい
だから経費率が低く、所得が上ってしまうんですよ

経費なんて、難しく考えることないんです
①（収入を得るための）業務に関して生じるもの
②　生活に関しないもの
この2つに該当するものこれすべて経費になる余地があるのです！

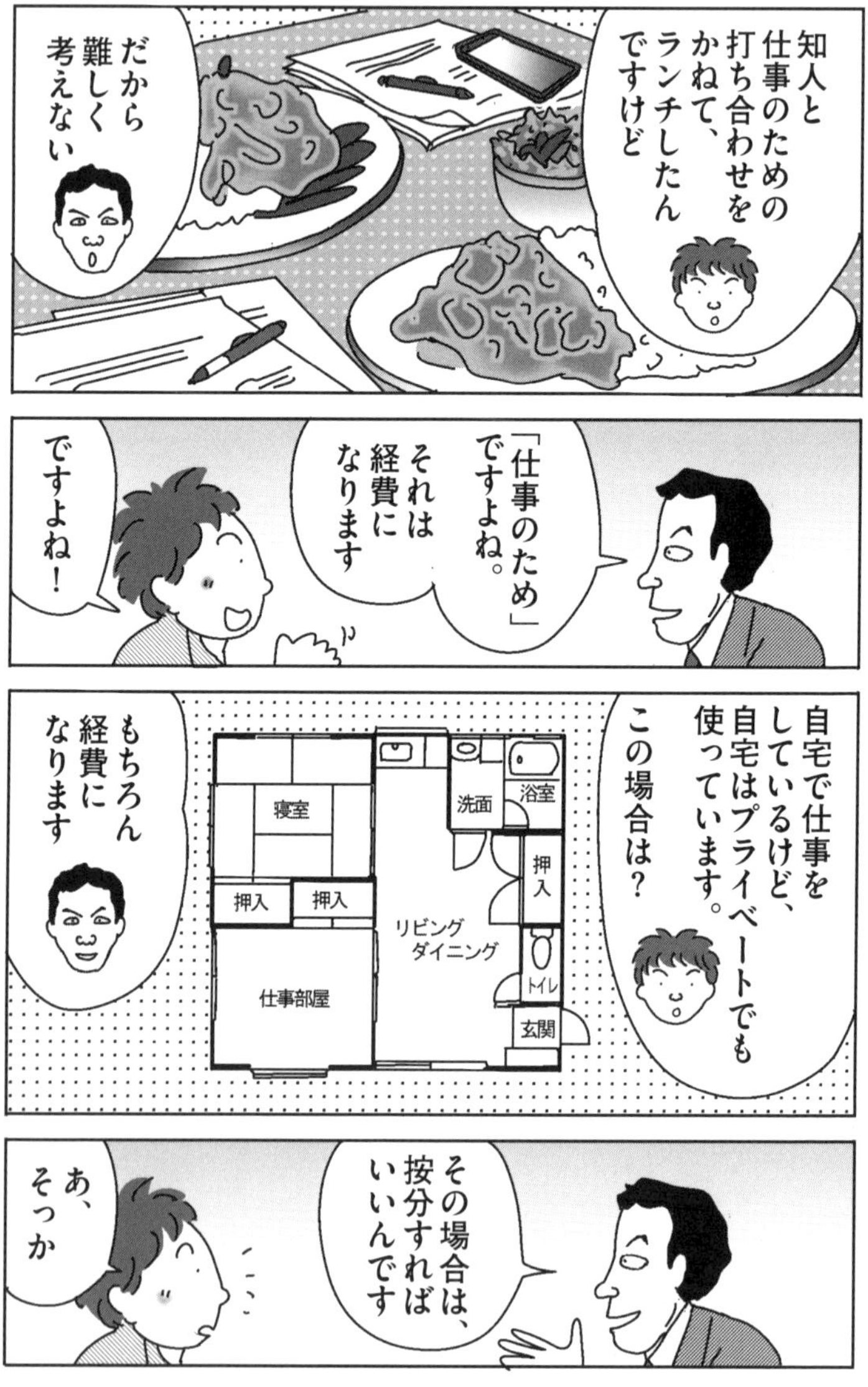

知人と仕事のための打ち合わせをかねて、ランチしたんですけど
だから難しく考えない
「仕事のため」ですよね。それは経費になります
ですよね！
自宅で仕事をしているけど、自宅はプライベートでも使っています。この場合は？
浴室
洗面
押入
寝室
押入
押入
リビング
ダイニング
トイレ
仕事部屋
玄関
もちろん経費になります
その場合は、按分すればいいんです
あ、そっか

按分の仕方にルールはなく、法律では「合理的な割合」を適用するとされているだけ
自宅兼事務所の場合
面積で按分
部屋数で按分
どっちでもOK
$\frac{20\,m^2}{60\,m^2}=\frac{1}{3}$
仕事部屋/部屋数＝1/3
ワンルームの場合は？
業務時間で按分というのも一考の余地があります
0 3 6 9 12 15 18 21
すいみん
さんぽ
ごはん
かじ
しごと
ごはん
しごと
ごはん
ふろ
げーむ
なるほど!!
業務時間の按分は原則無理なのですが、
結果として税務調査でゴネると通ることが「多い」のでコジツケを作って交渉するのです

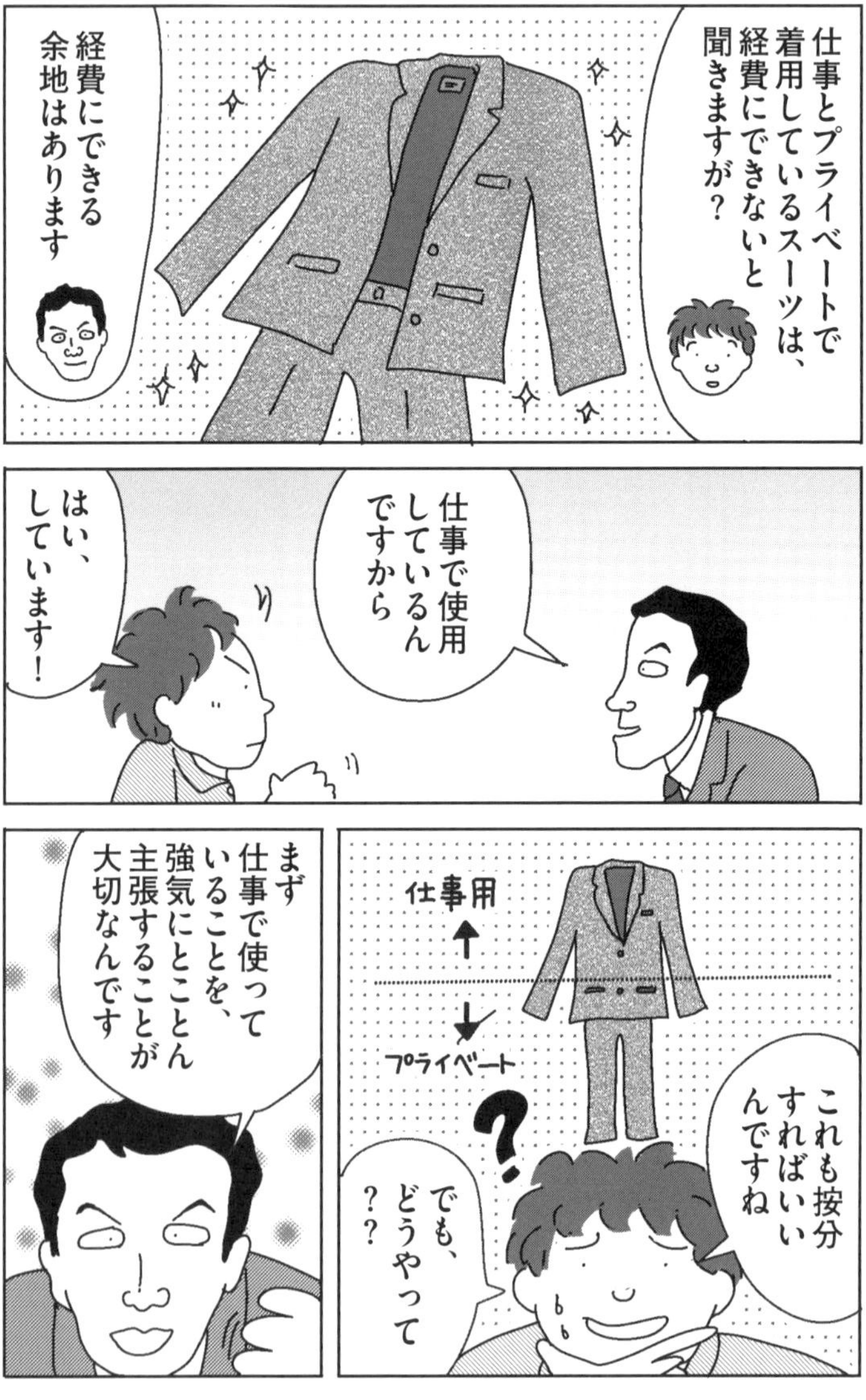
仕事とプライベートで着用しているスーツは、経費にできないと聞きますが？
経費にできる余地はあります
仕事で使用しているんですから
はい、していります！
仕事用
プライベート
これも按分すればいいんですね
でも、どうやって？？
まず仕事で使っていることを、強気にとことん主張することが大切なんです

それには証拠を用意することです
それは領収書ですか?
それも1つの証拠になるけど、領収書には「仕事用なのか」は書かれていませんよね
領収書
年10月26日
上 様
¥39,000-
但し スーツ代金として
洋服の北山
確かに。「仕事用」なのか書かれていない……
それならこうした証拠を用意すればいいんですよ
スーツの使用メモ
日付 使用内容
1月21日 講演会で使用
1月23日 営業で使用

こうしたシンプルなメモ書きを残しておくだけで、税務署に対して、有効な対策になるんです！
なるほど！
ほかにもSNSも証拠になる
そういえば、スーツ着て講演した様子をインスタにアップしました
Instagram
e-nagamine
永峰英太郎　講演会
講演会、無事終了しました！
いいですね。証拠になりますよ
証拠作りのため、SNSを使い倒しましょう

ところで
先生…、
確定申告のときって、
白色だと基本
「確定申告書」と
「収支内訳書」だけで、
こうした証拠って
提出しない
ですよね？
この証拠たちは
いつ出番が
あるんですか？
確定申告書
収支打訳書
ずばり
税務調査対策
です
えっ！
こ、こわい！
いえいえ、
税務調査なんて、
恐れることは
一切ありません
大丈夫ですよ
ホント
ですかぁ？
バン
バン

01 経費とは「支出の中で、直接業務に関係するもの」

誰しも税金は〝最も削減したい支出〟と考えているものです。所得税はもちろん、住民税や事業税といった税金を安くするためのカギを握るのが、第1章で触れたように**「経費」**となります。

ところで、フリーランス（個人事業主）にとって、大きな悩みどころとなるのが、経費の範囲、すなわち「どこまでが経費になるのか？」という点です。

法人の場合は、基本的に事業しかしていないため、法人が使用したお金は、基本的に経費になると聞いたことがあります。その理屈は、個人にも通用するの

ですか？

残念ながら、通用しないですね。

でも私は24時間、自分の仕事のことで頭がいっぱいです。法人と同じレベルで仕事をしている自負があります！

それは屁理屈というものです。個人は、仕事以外のことも必ずしているものですから。あなたには趣味はありませんか？

釣りとかハイキングとか、ツーリングとか……。

それって事業ではなく、遊びですよね。そこに費やしたお金は、経費にすることはできないんですよ。

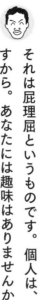

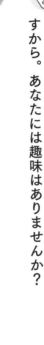

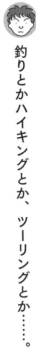

釣りをしながらも、仕事のこと考えてるんだけどなあ……。つまり「仕事に関係するもの」が経費になるということですか？

ちょっと不正解。正しくは「仕事に必要であり、かつその仕事と直接関係するもの」が経費になります。

〝直接〟ですか？

仕事にかかわる支出には**「直接」**と**「間接」**があります。直接とは、取材時の移動費、資料用に購入した書籍・雑誌類などのこと。一方、間接とは、商工会議所の団体旅行の費用などを指します。

商工会議所の団体旅行は、経費で落ちないんですか!?　仕事と直接関係しているように見えますが……。

平成24年に、弁護士会の役員を務めるある弁護士が、会の団体旅行の費用を経費として計上したところ、税務署から「ダメです」と指摘されたんですよ。それで「これは仕事の一環だ」と、その指摘を不服として、裁判に訴えたんです。その結果、東京高等裁判所は、この弁護士の主張を認めたんです。

やっぱり経費になるってことじゃないですか！

ところが、です。その2年後、ある司法書士が、自身が所属する司法書士会の団体旅行の費用を経費として計上したところ、税務署が認めなかったんですよ。当然、その司法書士は「弁護士の判例があるじゃないか！」と怒って、国税不服審判所に訴えた。しかし、この審判所は「弁護士の案件は個別事例であって、万人に認められるわけではない」と、訴えを却下したんです。

弁護士の案件は、その弁護士だけにあてはまるというわけですか。

理屈としてはおかしいですが、そうなりますね。先の弁護士の裁判の結果が出たとき、私たち税金のプロの間では、経費は今まで以上に広範囲に認められるようになるかもしれないと話題になったんですよ。でも、司法書士の裁判の結果、やはり「仕事に必要であり、かつその仕事と直接関係するもの」が、経費になるという考えで、建前としては落ち着いているんです。

ここで「仕事に必要であり、かつ仕事と直接関係するもの」の内容を見ていくことにします。

皆さんは、「食事代は経費にはなりませんが、取引先との会食の費用は経費になります」「衣装代は経費にはなりませんが、制服や作業着は経費になります」といったことを耳にしたことがあると思います。

はい。「家族との旅行にかかった交通費や宿泊費などは経費になりません。ただし、取材の旅費は経費になります」というのも、よく聞きます。

しかしながら、このような細かい内容が、法律で示されているわけではないんですよ。「仕事と直接関係するもの」と言いながら、経費について、法律上示されている基準は、次の2つだけで、実は「直接」という言葉は出て来ません。

①（収入を得るための）業務に関して生じるもの
②生活に関しないもの

その費用が経費であるかどうかをチェックするときは、まずは、この2つの基準を照らし合わせていけばいいんですね？

その通りです。人間である以上、衣類や食事代、居住費などの生活費は当然発生します。前述の趣味の費用もです。これらは、生きていくうえでは欠かせない支出ですが、残念ながら、仕事には必要なものとはいえず、①と②には、該当しません。したがって、経費としては認められないというわけです。

ビジネスの世界では、仕事にするためにがんばったけれど、残念ながら実を結ばなかったというケースも多くあります。

たとえば、「資料を集めて、プレゼンに挑んだけれど、採用されなかった」といったケースです。収入にはつながらなかった場合、「仕事と直接関係するもの」といえるのでしょうか？

私は執筆業なんですけど、たとえば、新しい本の企画を出版社に提案しても、ボツになることも多々あるんです。その準備のために使った費用は、経費に計上してもOKなんでしょうか？

大丈夫です。経費になるかどうかを判断するうえで「仕事として収入に直接結びついたか？」ということはいっさい問われませんよ。

では、友人と会食した費用で、それは「その友人と将来、一緒にビジネスをすることを目的に接待した」としたらどうでしょうか？

それは業務に関するものと見ることができるので、「①（収入を得るための）業務に関して生じるもの」の基準に該当します。だから、経費として計上して大丈夫ですよ。一方、その会食が「久しぶりに会って存分に飲もう！」といった類のものであれば、それはプライベートの案件です。「②生活に関しないもの」の基準を満たさないので、経費にはならないということです。

その支出が「仕事」が目的なのか、「遊興」のためなのか、で判断するんですね。

その通り。原則は「支出の目的」によって判断すればいいんですよ。支出の目的って、実はいろいろあるんです。その中で経費になりそうな目的を採用すればいいんです。

要は、コジツケていけばいいんだ！

そうです。それが重要なんです。

① （収入を得るための）業務に関して生じるもの
② 生活に関しないもの

↓

衣類や食事代、居住費などの
生活費は①②に該当しない

↓

経費にならない！

02

8割仕事で使うスマホは、按分して経費にする

経費の基準は「生活費以外の業務上の支出」となるわけですが、仕事で使用しているため、経費になることは間違いないものの、「生活費」と「業務上の支出」を明確に区別することが難しいケースも多くあります。

その代表例としては、自宅兼事務所の家賃があります。自宅としても、仕事場としても使っているケースです。

私は自宅でも仕事をしていますが、この場合は、どのように経費を計上すればいいのでしょうか？　100パーセント経費にしちゃっても大丈夫でしょう

か？

居住空間は生活費となる側面もあるため、全額を経費にするのは無理ですね。でも、業務として使用していることも事実ですから、その部分は経費にできます。

ざっと4割くらいかなあ……。

それはあまりに適当すぎます（笑）。

そうですよね……。どうやって割り出すのがベストなんでしょうか？　税務署がおすすめする方法ってあるんでしょうか？

法律上では、業務とプライベートを分けるうえで「合理的な割合」を適用するとされているだけで、「こうやって按分しなさい」という絶対的な基準はない

んですよ。そのため、自分が「正確に按分できる」と思う方法をチョイスすればいいんです。たとえば、自宅兼事務所の場合であれば、部屋数に応じた按分も1つの方法になります。

3部屋ある家で、1部屋を仕事部屋に使っているのであれば、3分の1を経費として計上するんですね。

そうです。ほかには面積で按分する方法もあります。プライベートで使う部屋の面積と、仕事で使う部屋の面積を計算し、それぞれの面積に応じて支出金額を按分して、経費とするのです。

たとえば、家賃10万円の１００平方メートルの２Ｋのアパートの場合で、仕事用の部屋が30平方メートル、プライベートの部屋が70平方メートルだとします。この場合は、30パーセントが経費にできることになるので、３万円を経費に計上できるわけです。

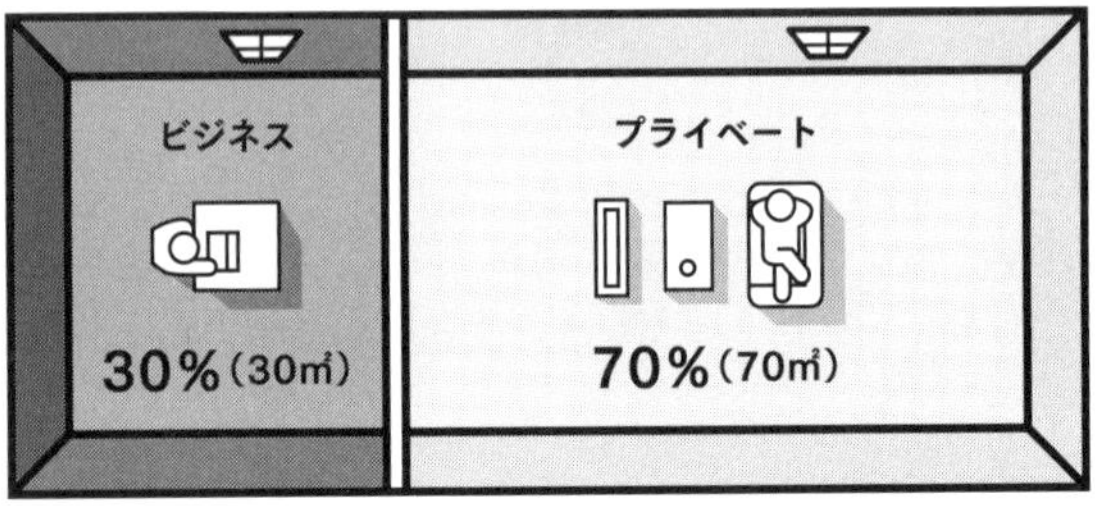

月額家賃		事業用スペース		経費にできる家賃
10万円	×	30%	＝	3万円

ワンルームだったらどうすればいいのですか？

その場合は、たとえば、業務時間で按分するのも、１つの考え方です。１日12時間仕事をしているのであれば、12時間÷24時間＝50パーセントを「合理的な割合」とすることも一考の余地があります。

税務署から「そんなのは合理的な割合ではない！」と言われることはないんですか？

確かに「その按分はおかしい」と言われることもあります。ただし繰り返しますが、合理的な割合について、絶対的な基準は存在しませんので、税務署がそれをストレートに「ダメだ」と

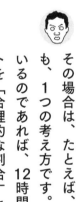

否認することも難しいですよ。

そうですよね。

その場合は「私はこの数字は合理的と思っています。なぜ、ダメなんでしょうか？　ダメなら私があげた数字以上に合理的な数字を根拠をあげて提示してください」と言って交渉すればいいんです。詳細はあとで説明しますが、この交渉によって経費を広げるのが税務調査で節税する考え方の骨子なのです。

「国税と交渉」と聞くと怖いですが。部屋数に応じた按分や面積に応じた按分よりも、業務時間に応じた按分のほうが、経費にできる割合が大きければ、そちらを採用したとしても交渉できますか？

交渉術はのちほどたっぷり説明しますが、今はそのお考えでいいです。もちろん、割合は合理的でなければなりませんから、時間按分が合理的であるという

根拠なども持っておいたほうがいいですね。たとえば、「○時間仕事をした」といった記録をつけておくとか。

スマホの通信料も按分できそうですね。

できます。先に紹介した業務時間に応じた按分でもかまわないし、自分で通話記録などをチェックして按分してもいいでしょう。

ところで皆さんは「支出の主要な部分（5割超）が業務に該当しない場合は、経費としては認められない」という話を聞いたことはありませんか？　ネットで検索しても、よく出て来る文言です。

確かに、税務署の通説ではあるのですが、国税庁の通達（上級官庁が下級官庁に出す絶対的な指示のこと）では、業務に必要な部分の割合が5割以下であっても、その必要な部分を明らかに区分することができる場合は、その部分を経費とし

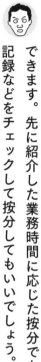

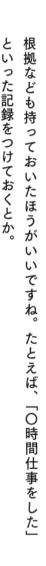

て問題ないとしているんです。ですから「5割未満＝経費にならない」と思う必要はありません。

1年間で20日間、仕事でクルマを使ったら、5パーセント程度を経費にしていいってことですね？

仮に1パーセントだったとしても、明らかに区分できれば、経費として計上してかまいません。それと、按分する際は、その按分したものに付随するものも、しっかり按分していってくださいね。

クルマの例でいえば、ガソリン代や駐車場代ですね。

仕事でクルマに乗ったときのキロ数からガソリン代を算出すればOKです。駐車場代は先ほどの例でいえば、5パーセント程度を経費にすればいいでしょう。自分の中で「合理的な割合」と思えば、その按分方法を採用すればいいんです。

03

生活費と業務上の支出が按分できないものは、経費になる？

自宅兼事務所やクルマなどは、按分することで「5割は経費」といった具合に、業務上必要となる部分の割合を算出することができます。

しかしながら、支出の中には、自宅兼事務所などとは異なり「合理的な割合」を提示することが難しいものも存在します。

実は経費には、シロ（合法）であるか、見解の分かれるものもあります。これがグレーゾーンに位置する経費です。

まず大前提の話をしますね。もし、あなたが家族旅行に行ったとき、その旅費を「取材の旅費」として計上する――そのような〝でっち上げ〟は絶対にしないでください。

明らかな〝クロ（違法）〟ですね。

私は税理士として、多くの事業主の方と接してきましたが、いるんですよ、でっち上げをする人の中には。ニセの領収書を用意する人だっています。

どうやって作るんですか？

架空の経費を作り、それを税金の経費として落とすんです。それには領収書が必要ですよね。そこで、「B勘屋《びーかんや》」と呼ばれるヤミ業者に頼んで、領収書発行元の会社名や住所、印鑑などが記載されたニセの領収書を入手するんですよ。とにかく〝でっち上げ〟はダメだと、肝に銘じてください。

では、改めてグレーゾーンに属する経費について見ていきましょう。

たとえば、仕事で着るためにスーツを購入したとします。この場合、当然、業務で着るわけですが、一方で友人の結婚式で着ることもあるでしょう。このスーツを自宅兼事務所のように按分することは難しい。こうした費用がグレーゾーンに属するのです。

先日、講演会があったのですが、そのためにジャケットを購入したんですよ。考えてみれば、そのあともプライベートでもたまに着ています。

国税庁のホームページには「衣装代のような支出は経費になりません」といった形で、ごく限られたものしか経費にならないと、書かれています。

そうなんですね。ということは、あきらめるしかないってわけかあ。でも、仕事でも着ていることは確実なのになあ……。

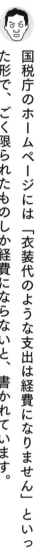

いや、あきらめなくても大丈夫です。国税庁のホームページの記述は「グレーゾーンの支出は、確定した基準がないため、あえて経費の範囲を限定している」という事情もあるんです。実際、税理士の間でもスーツは「経費に入れられる」という人もいれば、「認められない」という人もいます。

つまり、正解がないってことですね？

そうなんですよ。「生活費以外の業務上の支出」であれば、その支出は法律上、経費となるんです。それだけに「支出の目的が、仕事のためである」ことを、税務署に強気にとことん主張することが大切になってきます。

ポイントは「強気にとことん主張する」です。

なぜ、強気にとことん主張するべきなんですか？

グレーゾーンに位置する経費は、たとえ税務署から断定的に「経費になりません」と言われたとしても、確定的な基準は存在しないのですから、その発言は税務署の意見にすぎないんです。それだけに、経費になると考える理由があるならば、いくらでも反論していいんです。弱気に「お願いします」ではダメ。強気にとことん主張すべきなんです。

なるほど！

また、グレーゾーンの費用については、自分の職業も味方につけることが大切になります。たとえば、セミナー講師であれば、スーツは制服のようなものといえます。会社の制服が経費として認められるように、経費にしやすいといえます。

自分の職業を全面に出していくわけですね。

ところで、強気にとことん主張する際は、きちんと「証拠」を用意することが求められます（73ページ参照）。

税務署などで「これは経費になると考えます。仕事でしか着てないんで！」と言い放つだけではなく、証拠も添えるんですね。

04

メモ書きでいいので、証拠を残しておく

ところで、経費の証拠というと、多くの人が「領収書」に目を向けがちです。しかし、その考えは正しくありません。

品名や金額などが記されている領収書は、経費として〝シロ〟のものについては、1つの証拠になりますが、グレーゾーンに位置するものには必ずしも有効ではありません。その品目が「仕事用」なのか、「プライベート用」なのか、それだけでは判断できないからです。

その情報こそ、一番大切ですもんね。

そうなんですよ。そうした場合、税務署はどうするのかといえば、たとえ領収書があっても、納税者にヒアリングして、総合的にいろいろ考えて判断を下すことになります。そのとき、大切になるのが、証拠なんです。

でも、どうすればいいんでしょうか？　スーツを着ていたことの証言を集めたりすべきなんでしょうか？

いえいえ、そこまでする必要はありません。たとえばエクセルで、スーツを着た日付や着た理由を書いて、まとめておけばいいんです。あるいは、日記やメモ帳に「×月×日、講演会でスーツ着用」といったことを書いておくだけでも、それは1つの証拠になります。

その程度でいいんですか？

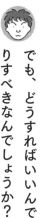

シンプルな記録を残しておくだけでも交渉材料にはなりますから、税務署に対する有効な対策になるんですよ。

なお、経費である証拠を残すのは、グレーゾーンの費用についてだけに限った話ではありません。クルマの費用の按分などでも、有効になります。

今年の確定申告で、クルマの費用については8割を経費にしたんです。仕事での移動距離をエクセルでまとめて、その年の全走行距離で割ったら、8割という数字が出たので……。やりすぎでしょうか？

いえいえ。だって本当のことですよね？

はい。

であれば、強気にとことん主張してOKです。そして、そのエクセルのデータ

1月9日	講演会でスーツ着用
1月10日	講演会2日目、スーツ着用
1月14日	営業でスーツ着用
1月15日	展示会でスーツ着用

記録のつけ方の例

は重要な証拠になりますよ。自宅兼事務所であれば、家の間取りを手書きするのもいいでしょう。経費については、税務署から突っ込みが入りそうなものは、全部、証拠を残しておけばいいんです。

完全なシロの案件もですか？

そうです。たとえば、友人と会食した費用で、それは「その友人と将来、一緒にビジネスをすることを目的に接待した」ケースは、経費になり得るわけですが（56ページ参照）、領収書からは、その情報は読み取れませんよね。そこで日記やメモ帳に「×月×日、友人〇〇を接待。新しい△△の事業を話し合った」といったことを書いておけばいいんです。

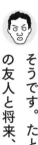

税務署から突っ込みが入らないもの——たとえば、仕事用のｉＰａｄなどは、別に証拠はいらないですよね？

税務署は、10万円を超えると「高い経費」と見ることが多いんです。10万円を超える場合は、証拠を作っておくといいでしょう。

証拠があることで、通常は経費と認められないような支出が経費として認められることもあります。法人税に関する事例ですが、高級スポーツカーのフェラーリが経費で落ちた事例があります。

国税不服審判所（裁判所に先立って税務署が行なった処分の正当性を審査する機関）で、フェラーリとクルーザーの購入費用が経費になるかが問題になったことがあるんです。

どちらも非常に高額じゃないですか！　しかも個人的な趣味で購入する類のも

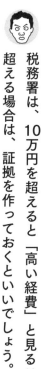

のですよね？

はい。実際、どちらも普通は税務署から「経費になりません」と言われるものです。だってフェラーリは２７００万円ですから（笑）。でも、最終的には経費として認められたんですよ。

このとき納税者が示した主な証拠は次の通りです。

①その社長は通勤で、車検を受けるまでの３年間に約７６００ｋｍ乗っていた証拠がある
②その社長は、このクルマを出張でも乗っていて、ほかの交通機関を使用するための旅費は受け取っていない

３年間で７６００キロとはすごい距離ですね。

1カ月に平均200キロも仕事で乗っていたというわけですから、裁判所も認めたわけですよ。この裁決事例で明確になったことは、「業務上の支出」を裏づける証拠があれば、経費として認められる余地があるということなんです。もし、証拠がなければ、まず認められなかったはずです。節税を目指すのであれば、証拠を残すことが、とても大切であることがわかると思います。

05 領収書よりもレシートを残しておく

税金の計算上の証拠といえば、真っ先に思い浮かべるのが領収書です。しかしながら、たとえシロ（合法）の経費だったとしても、経費によっては認めてもらえないケースもあるので要注意です。

領収書をもらうときに、注意していることってあります？

「上様」ではなく、ちゃんとした名前でもらうようにしています。

私の調査官時代、上様名義の領収書であっても、それを問題にしたことはありませんでした。一方で、チェックしていたのが「但し書き」の部分です。

領収書の「但し書き」とは、何の取引で金銭の支払いが行なわれたかを証明するためのもの。何を買ったかを記載する項目です。

店で領収書を発行してもらう際、店員に「但し書きはいかがなさいますか？」と聞かれますよね。

そのとき「書籍代」といった具合に、ちゃんと伝えることが大切です。何も言わないと「お品代」と表記されてしまいます。

店側が勝手に「お品代」と書いて、手渡そうとするケースもあります。

この「お品代」はあまりよくありません。何を買ったのか正確な内容がわから

ないからです。

なるほど。お品代は、ちゃんと具体名を書いてもらうようにします。

でもね、領収書は特にもらわなくてもいいんですよ、レシートで十分なんです。もっといえば、レシートのほうがいいんです。

そもそもなぜ、多くの人はわざわざ領収書をもらっているのでしょうか？　それはサラリーマンが勤務先で行なう経費精算は、レシートでは認められないケースが多いからなんです。

税金の世界では、領収書の案件を満たすには「支払先」「日付」「支払内容」「支払金額」の内容が記録されている必要があるとされているんです。レシートには、この４つの内容がしっかり記載されているんですよ。特に「支払内容」については、品目ごとに詳しく記載されているので、領収書よりもレシートのほ

うが、経費か否かの判断がつけやすいんです。

確かにそうですね。

私自身、申告の際に税務署から「領収書の但し書きを見ても、その内容がよくわからないので、レシートはありませんか？」と言われたことがあります。税務署の常識は「領収書よりもレシート」なんです。

最近では、ＳＵＩＣＡやＰＡＳＭＯといった交通系電子マネーを利用して、電車に乗る人がほとんどです。これらはチャージ機に履歴を印字する機能があるので、乗車記録を残すことができます。

では、レシートや領収書がない場合は、その支出は経費には、ならないのでしょうか。

以前、ランチミーティングをしたのですが、支払いがワリカンだったことがあるんです。でも、わざわざ「領収書を分けてください」とは言えなかったんです。

ワリカンで領収書がもらえなかったケースって、日常的によく起こることですよね。この場合、経費として計上するのをあきらめてしまう人もいるんですよ。でも、それらは業務上の支出ですから、ちゃんと経費として計上しないといけません。

もしかして、メモ書きでいいんですか？

正解です。領収書やレシートがないからといって、何も記録を残さないのはいけません。そんなときは「支払先」「日付」「支払の内容」「支払額」の４つの要件をメモ書きしておけば、経費として認められることになっているんです。というのも、領収書を「もらった」からそれを保存して提出できるわけで、もし支払先から「もらえなかった」という場合は保存できないし、提出もしようがありませんから。

経費精算用の領収書のチェック項目

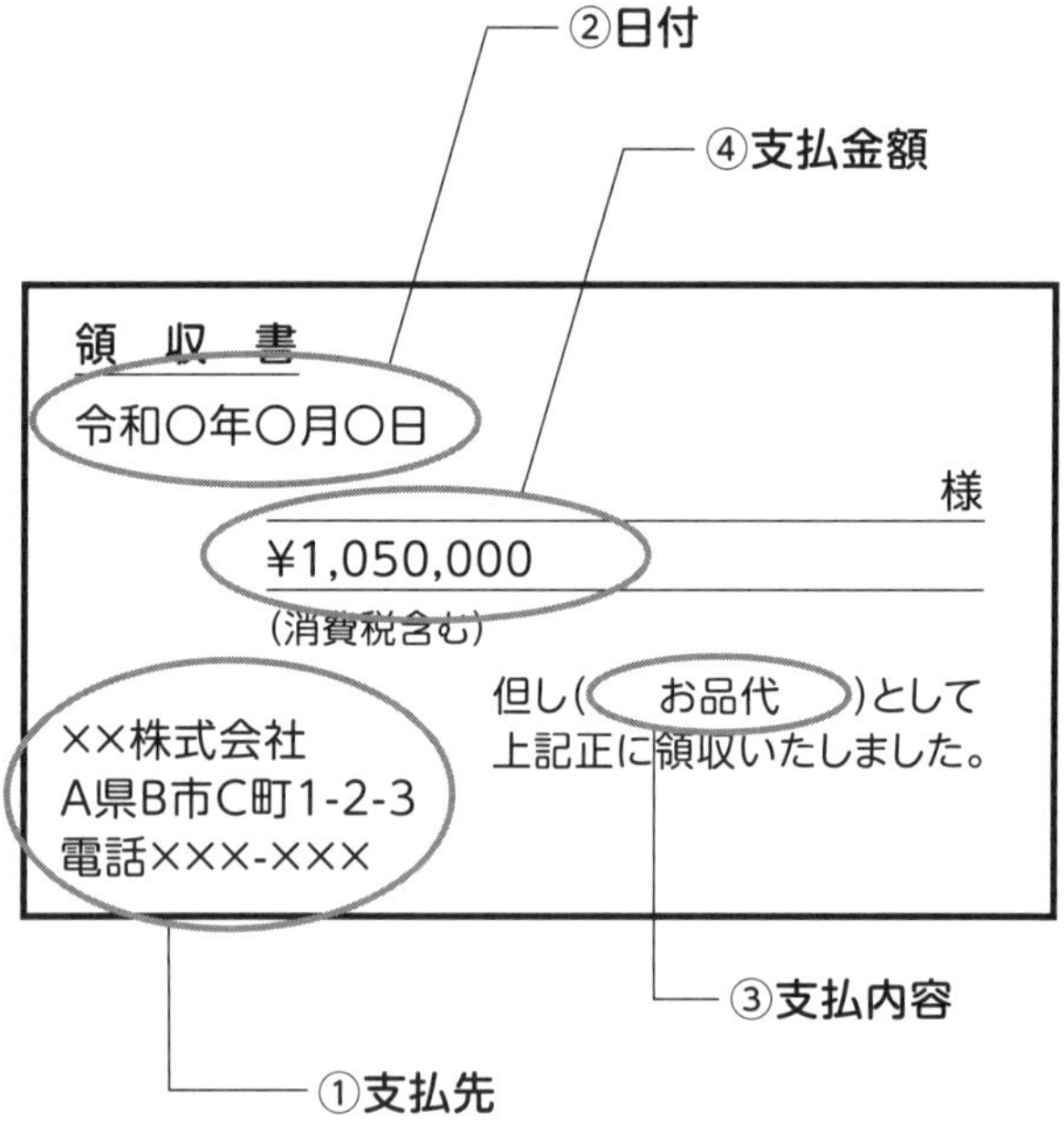

レシートのチェック項目

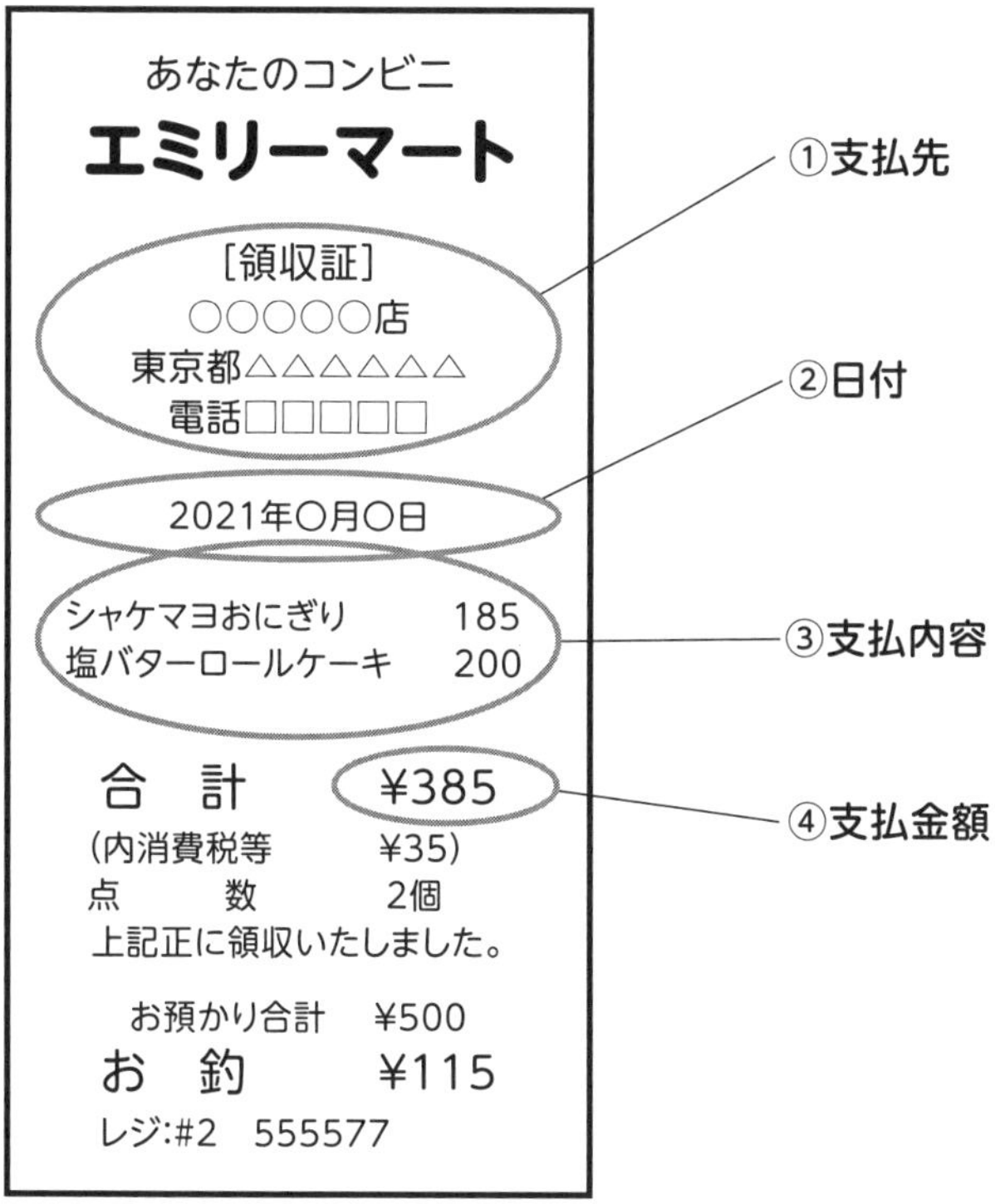

06

SNSだって、経費の証拠になる

経費の証拠として、メモ書きが有効になるわけですが、そのほかにも「これが証拠になる」と思ったものは、どんどん利用していくべきです。最近では、SNSを証拠として使う人も増えてきているんです。

ツイッターやインスタグラム、フェイスブックなどですね。

SNSの強みは「日付が明確なこと」「画像を掲載できること」です。しかも、

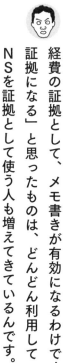

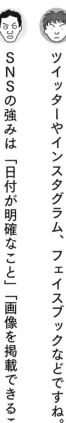

その事実を第三者が目撃している。SNSはかなり強固な証拠になるんです。

どのようにSNSを使えばいいのでしょうか。76ページで紹介したフェラーリを経費として落とした件を例に見ていきましょう。

たとえば、その社長が毎日、フェラーリで出勤している姿をSNSにアップしたとしたら、その投稿は「仕事で使用している」ことを示す重要な証拠になると思います。

出張先にフェラーリで行っていた事実も、出張先だとわかる場所で写真を撮って、「今、営業で○○にいます。これから商談がんばります！」などと書いてアップすれば、信ぴょう性は増しそうですね。

SNSは日常を切り取るツールのため、ふとアップした投稿が、経費の証拠になっていることもあります。

私が講演をしたとき、そのときの画像をＳＮＳに投稿しているんです。この仕事のために買ったジャケットも着ています。

論点は「でも、それってプライベートでも着ているでしょ？」ということなので、絶対的に証拠になるとは言えないのですが、それでも税務署に経費として認めてもらう１つの材料にはなりますね。

ＳＮＳを活用しているからこその節税術といえそうですね。

ＳＮＳのライブ動画機能も、事実を伝えるうえで、大きなツールといえます。

フェイスブックのライブ動画などですね。セミナー講師の知人は、自分が売れっ子であることを示すために、高級なロレックスの腕時計を買ったんです。それで「これからこの時計をつけて、セミナーに挑みます！」とライブ動画を流し

ていました。

もし税務署から難クセをつけられたときに「こんな風に活用しているんです」と主張すれば、それが納税者の不利につながることは基本ないでしょう。

画像については、ＳＮＳに投稿しなくても、保存しておくだけでも証拠になります。

前述したフェラーリの出勤場面の画像は、それこそ毎日ＳＮＳにアップしていたら、何か自慢大会みたいで、周りが引いちゃうでしょう。ですから、ただ毎日、写真を撮って保存しておくだけでもいいんですよ。

税務署に何かを言われたら、３６５日通勤している写真を見せるんですね。

07

科目の割り当て方にもコツがある

確定申告では、経費は、青色申告書であれば「所得税青色申告決算書」、白色申告であれば「収支内訳書」に書いて提出しますが、そこには、「福利厚生費」「接待交際費」「消耗品費」など、さまざまな**「科目」**があります。

基本的には、その経費を見て、一番適した項目に当てはめていけばいいんですよ。ネット通販を営んでいれば、宅急便代やダンボールなど発送にかかる費用が発生します。この場合は「荷造運賃」といった具合です。

税務署は詳しくチェックしているものなんですか？

〝見ていないわけではない〟くらいです。それだけに、バランスだけには注意してください。科目の中で、接待交際費だけが際立って多いというときなどは、「うん？」と思ってチェックを入れてくる可能性はあります。

特に、プライベートな費用が混ざりそうな項目――接待交際費、旅費交通費、消耗品費などは、あまり目立つと不審を持たれることもあります。

面倒だからといって「消耗品費」と「雑費」だけに集中させてしまったりしがちですが、それって自分で墓穴を掘っているというわけなんですね。

「雑費」は、ほかの科目に振り分けることのできない支出を計上させるためのものですが、その額が大きくなってしまうのであれば、より内容を明確にするためにも新たな科目をつけ加えたほうがいいです。

科目欄には、空白の部分もあり、そこに新たな項目を立てることもできます。

たとえば、仕事柄、本を多く購入するという場合は「参考図書費」といった項目を立てます。

取材費、会議費など、自由に立てていいんですね？

ただし、税務署に「なんだ、これは？」という目で見られるものは立ててはいけません。スーツは経費として認められにくいのにもかかわらず、「衣料費」という項目を立ててしまえば、税務署にとっては、見て見ぬふりするわけにもいきませんから。

区分	科目		金額（円）	区分	科目		金額（円）
収入金額	売上（収入）金額	①		経費 その他の経費	旅費交通費	㋥	
	家事消費	②			通信費	㋭	
	その他の収入	③			広告宣伝費	㋬	
	計（①＋②＋③）	④			接待交際費	㋣	
売上原価	期首商品（製品）棚卸高	⑤			損害保険料	㋠	
	仕入金額（製品製造原価）	⑥			修繕費	㋷	
	小計（⑤＋⑥）	⑦			消耗品費	㋦	
	期末商品（製品）棚卸高	⑧			福利厚生費	㋸	
	差引原価（⑦－⑧）	⑨				㋾	
差引金額（④－⑨）		⑩				㋻	
経費	給料賃金	⑪				㋕	
	外注工賃	⑫				㋵	
	減価償却費	⑬				㋟	
	貸倒金	⑭			雑費	㋹	
	地代家賃	⑮			小計（㋑～㋹までの計）	⑰	
	利子割引料	⑯		経費計（⑪～⑯までの計＋⑰）		⑱	
その他の経費	租税公課	㋑		専従者控除前の所得金額（⑩－⑱）		⑲	
	荷造運賃	㋺		専従者控除		⑳	
	水道光熱費	㋩		所得金額（⑲－⑳）		㉑	

収支内訳書

08

税理士の意見には必ずしも従う必要はない

私の知人は、顧問契約という形で、税理士を雇っています。節税という点から考えると、税理士とタッグを組んだほうがいいのでしょうか？

実は、税理士の多くは、積極的に節税の提案をしたいとは思っていません。

えっ！　節税のために、税理士って雇うものじゃないのですか？

節税って手間がかかるんです。顧問契約をしていると、税理士は業務量に関係

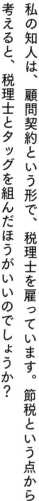

なく毎月決まった報酬を受け取っています。そのため、あえて節税を提案しようとはしないんですよ。それに、税理士って税務署を恐れているケースが多いんです。ある知り合いの経営者から「今契約している税理士事務所を変えたい」と相談を受けたことがあるのですが、その理由は「全然、経費を認めてくれない」というものでした。その支出は、経費にすることのできるものでした。そりゃあ、変えたくもなりますよね。

税理士の多くが節税にあまり積極的ではないのには、まだほかにも理由があります。

節税提案をして、仮に税務署から問題視されて節税を否認された場合、税理士の責任問題に発展するんです。近年、このようなケースで税理士が顧客から損害賠償請求を起こされることも増えていますので、自分の責任の大きさを考えて、あまり積極的に節税の提案をしないのです。

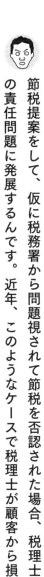

09

税金を減らすには、税務調査を使い倒す

この章では、強気にとことん主張するために、きちんと「証拠」を用意することが大切だと、繰り返し触れてきました。

とはいえ、確定申告時は、申告書類を提出するだけですから、特に強気に主張する機会もありません。証拠を提出することもありません。

「仕事に必要であり、かつその仕事と直接関係のあるもの」は経費になりますが、はっきりとシロとわかる支出って、意外と少ないものなんです。

68ページで触れたスーツのようなグレーゾーンに位置するものが多いんですね？

そうなんです。こうしたグレーゾーンの支出については、国はあえて経費の範囲を限定した説明をしているわけです。要は「経費にならない余地があるので、まあＮＧにしておこう」というノリです。

そう考えると、税務署のご機嫌をうかがって、自分の中では「仕事で使った費用」だと断言できるのに、経費として計上するのをあきらめるのは、バカバカしい気がします。

その通りです。ここで覚えておいてほしいのは、税務署のお墨つきがある経費は、極めて少額になる傾向が強いということなんです。それをただ受け入れていたら、節税はほとんどできません。そこで大切なのが、堂々と税務調査に挑み、税務調査を通じて、税務署に経費を認めてもらうということなんです。

ここまで読んで「えっ？　税務調査？」と驚いた人も多いのではないでしょうか。

「税務調査＝怖い場所」と思っている人が多いのですが、税務調査とは「交渉の場」なんですよ、本来は。怖いというイメージは、テレビや映画の影響なんですよ。

交渉の場なんですね。

そうです。「これは仕事で使ったので、経費なんです」と訴える場なんです。それには理論武装することが大事です。だからこそ、証拠を用意しておき、こちらに有利なように交渉を進められるように準備を整えておくことが大切なんです。経費は落ちるものではなくて、税務調査の交渉で落とすものなんですよ。

メモ書きやレシート、それにＳＮＳなどを用意すれば、相手も「ちゃんとしている」と思うものなんですか？

それは間違いないですよ。私が国税調査官だったとき、こうした用意ができている納税者って、本当に少なかった。それだけにプラスのインパクトを与えることができるはずです。

なるほど。

ほかにも、納税者が、税務調査を恐れて、経費計上をためらうことは、経済的に見ても、極めて効率の悪い判断であると断言できる理由があります。それは、そもそも税務調査に入られる確率は非常に低いということなんです。

大きな黒字のある会社でも、税務調査は3～5年に一度です。個人については、おおむね納税者全体の1～2パーセント程度しか、税務調査は実施されていません。この確率からいえば、個人については50年に1回程度しか実施されていないことになります。

加えて脱税などの不正をしなければ、さらに税務調査が入る確率は低くなります。ですから、それほど心配しないで大丈夫です。

安心しました。

52ページで、私は「仕事に必要であり、かつその仕事と直接関係するもの」が経費になると言いましたが、間接的である「商工会議所の団体旅行の費用」だって、あきらめ切れない部分もあるはずです。

確かにそうですね。仕事と捉えることもできますし。

実は、税務調査を使うことで、この間接的な部分を経費に落とすこともできるんです。交渉というのは、大きなチャンスなんですよ。

第3章

経費を増やしたければ、事前相談を使い倒せ！

確定申告前～期間中税務署の特設会場で行なわれている「無料相談会」
無料相談会の窓口に立つのは、税務署職員
書類見せて下さい
ハ、ハイハ
税務署
2月1日～3月16日
確定申告無料相談所
彼らは税務調査のときの調査員でもある
どーも税務署ですー
あ、この人は…
えっと無料相談会って、確定申告の初心者が行くところですよね?
いえいえ、それだけではないんです

経費になるか微妙な経費を経費でOKと認めさせるための布石を打つ場でもある！
友人との会食費用のレシートを見せて、
これ経費になりますか？
って、聞くんですか？
それでは
無理です
と言われるのがオチです

こういうのを見せて相談するのが大切です
20XX年
5月
12
13
19
20
に取材
● 友人と仕事の戦略会議の会食
さらに言葉で「仕事のための会食でした」と、強く訴えるんです
これは打合せをするためだったんです!!
相談のときは、ゴネてゴネてゴネまくりましょう!
これが次の仕事に繋がったんです!
これがなかったらこの仕事はなかったんです!!
…そうおっしゃるのであれば…

さらに相談員の名前も控えておきましょう
ジーッ
メモ
メモ
税務調査のとき役立つからですね！
そうです
法律的には相談会に行っても経費にできる／できないには関係ありません
ただし、税務署的には「誤指導」をしたので申しわけなく思います
そのため税務調査で通しやすくなるのです

01

税務署と納税者に見解の相違があるのは、当然のこと

経費には〝シロ〟と〝グレーゾーン〟という2種類がありますが、どちらについても「税務署としては認められない」と言われるケースは、どうしても出てきます。そうなると納税者としては「冗談じゃない！」と思うわけですが……。

「仕事用」なのか「プライベート用」なのか、その支出の目的について、納税者と税務署との間で見解が分かれるのは、仕方がないと割り切ることが、まずは大切なんです。

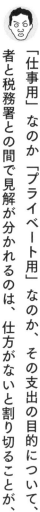

確かに、その目的は私自身しか知りませんしね。いちいち腹を立てても、ストレスが溜まるだけですもんね。

そうなんですよ。どうしても税務署は、経費に該当するのかどうかを判断する際、「プライベートの目的で支出した」と、自分たちの都合のよいように持っていこうとするものなんです。でも、1円でも多くの税金を取りたい税務署の立場からすれば、それも理解できるんですよ。

納税者にとっては「仕事のため」、税務署にとっては「プライベートのため」――結果として、納税者と税務署の間で対立が生じた場合、その決着のつけ方は、支出の目的に対する見解の相違について、交渉していくしかありません。

業務とされる目的を強調することができれば、それは経費とされる余地が大きくなります。逆に、プライベートでの費用とされる目的が強調されれば、それは経費ではないと判断される可能性が高くなります。

だからこそ、コジツケが大事で、それを補うために証拠をそろえておいて、強気にとことん主張するわけですね？

その通りです。それと実は、意外にも、税務署は経費の判断においては、納税者本人の「個人的な事情」を考慮することになっているんですよ。

たとえば、普通であれば落ちない海外視察旅行についても、別府の温泉業者の場合には、海外のホテルを視察することは同業の調査なので、それを経費として認められる可能性は大きくなります。

ところで、自分の経費を認めさせたい場合は、税務調査がチャンスの場になるわけですが、その前段階としてもう1つ、忘れてはならない場があります。それが「確定申告の無料相談会」です。次ページ以降で、詳しく見ていくことにします。

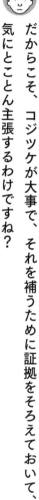

02 確定申告の前の「無料相談会」を利用する

個人の確定申告期は毎年2月16日から3月15日までですが、その期間前から期間中にかけて、税務署では、特設会場を設けて**「無料相談会」**を実施しています。

無料相談会というと、「申告書の書き方」や「どんな添付書類を添えたらいいのか」など、確定申告の初心者が基本的なことを聞く場所だと認識している人が多いのですが、実はそれ以外にも使いようがあります。

以前、無料相談会に参加したある方から「絶対に無理だと思っていたコンタクトレンズの費用について、相談会場で税務職員に相談したら医療費控除にして

いいと言われたんです」と聞かされたことがあるんですよ。

「医療費控除」とは、毎年支払った医療費が一定額を超える場合、その超える部分の金額（限度２００万円）を所得から差し引ける制度です。この医療費控除の医療費は「医師等の医療に関する支出のうち、通常必要と認められるもの」と限定されています。

一般的にコンタクトレンズは医師などから買うものではありませんし、医療費と言い切ることが難しい側面もあります。その一方で、眼科で処方箋をもらって、その場で購入している人もいます。

なるほど。ということは、この方は無料相談会の段階で「医療費にしていい」という言質をとったということなんですね。

無料相談会は、税務署職員が相談員として窓口業務にあたっています。この職員は税務調査などを行なう人たちでもあります。

結論からいえば、無料相談会で「経費にしてＯＫ」と言われたとしても、それで経費確定というわけではありません。ただし、有効な「証拠」になることは確かなんですよ。一応、国税職員の言質をとったことになりますから。

税務調査が入ったときに、強気に主張するためには、レシートやメモ書きなどの証拠があると有効なのと同様に、無料相談会の言質を証拠にするんですね。

そうです。たとえば、税務調査で「コンタクトレンズは医療費になりませんよ」と言われたとします。そのときに「無料相談会でＯＫと言われたので、医療費にしました」と返したら、相手はどう感じるでしょうか？

少なくとも「えっ？　マジで？」と思うのは、確実ですよね。

ですよね。無料相談会の言質が、有利に働くことはあっても、不利になることはないんですよ。タダで活用できるわけですから、利用しない手はないんです。

03

無料相談会は証拠を持って、交渉する

無料相談会は確定申告の提出が始まる数週間前からスタートします。普通に考えると、提出期間中は混雑するため、早い段階で、相談窓口に足を運んだほうが得策のように思えますが……。

税務署には大きく４つの職域があります。法人課税、個人課税、資産課税、徴収の４つです。個人の相談窓口は、通常期は個人課税部門の職員が担当しています。一方、繁忙期になると、法人課税部門の担当が応援に来るんです。

となると、やはり混雑していない時期に、相談窓口に行ったほうがよさそうですね。

いや逆です。できるだけ繁忙期に行ったほうがいいんです。

法人課税部門の畑違いの人が見ることになるのに、ですか？

私が東京国税局にいたときは、法人課税部門に配属されていたんですよ。それで実際に、個人の相談窓口の応援をしていました。でも、基本的に法人課税の職員はやる気がないんです。

確かに、自分の専門分野ではないわけですもんね。

法人に比べて、個人の案件って、やはり小規模じゃないですか。こっちとしては、大きな脱税のほうがぜん張り切るわけですよ。だから個人の相談窓口でも、けっこう適当なんです。その結果、あまり深く追求しないで、面倒になると「経費でOKです」と適当なことを言う職員も少なからずいました。

では、無料相談会では、どのように話を進めていくことが大切なのでしょうか。「これ経費になりますか？」とだけ質問しがちですが、それはあまり得策ではありません。それだと担当者は、基本的にダメだと判断するからです。

たとえば、友人との会食費用を経費として認めてもらうには、ただレシートを見せて「経費になりますか？」では「無理です」と言われるのがオチです。

言葉で「仕事の打ち合わせなんです」と言ったら、どうでしょうか？

ちょっと足りませんね。大前提として、税務署の職員は公務員ですから、リスクは小さくしたり、労力的・時間的なコストを抑えたりしたいと考えるものなんです。経費になるか否かなど、絶対的な正解がないものに対しては、後日の

リスクを考えて、納税者にとっては不利になる回答をしがちなんです。

仮に、納税者に不利な回答をしても、納税者は「いや、これは経費になる」と、無料相談会での回答に従わないこともできます。しかし、もし納税者に有利な回答をして、納税者がその通りに確定申告を提出して、税務調査が入り、間違いが指摘されれば、納税者から税金を追徴しなければなりません。

そんなことになったら、納税者にとっては「冗談じゃない！」となりますね。

そうなんですよ。大きなクレームが入ることも十分考えられます。だからこそ、証拠が必須になるんです。メモ書きといった経費になることを証明するものを用意し、さらに自分の意見を固めておいて、無料相談会に挑んでください。

担当者は「ダメです」と言わないものなんでしょうか？

証拠を用意するとなかなかノーと言えないので、こういう場合は、よく「それなら経費で申告すればいいのでは？」みたいなことを言って逃げようとしますね。

実は、証拠を揃えて、無料相談会に行く納税者は、かなり少ないのです。たとえば、「仕事で使用したクルマでの移動距離をエクセルでまとめた証拠」は、税務署の担当者のほとんどが目にしたことはないはずです。

04 事前相談は、記録を取っておく

無料相談会の担当者というと〝キレ者〟のイメージがありますが、実際は、ほとんどの職員は法律に詳しくありません。詳しくは第5章で触れますが、税法はとても難しいのにもかかわらず、彼らは税法をしっかり学ぼうとはしません。というのも、税法に詳しくても、税務署内では基本評価してもらえないからです。

無料相談会での担当者の回答が「100パーセント正しい」ということはないんです。まずは、その点は理解しておくべきなんです。納税者に有利な回答は、大切な「証拠」にするべきですが、不利な回答に対して、自らが「いや、これ

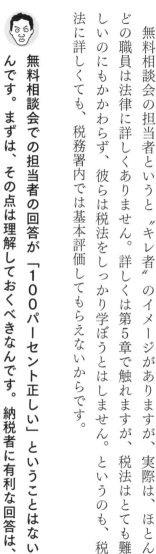

は経費になる！」と確信できているのであれば、税務署の言葉に納得する必要はありません。

でっち上げでないと断言できるのであれば、経費にしていいんですね？

はい。ただ一方で、納税者の不利な回答に対して、納得したのであれば、経費にするのを見送ってもいいと思います。いずれにしても、無料相談会に行った日にちと税務職員の名前は必ず控えておいてください。

実際のところ、無料相談会で、担当者が誤った指導をしたとしても、その税務署の不手際をもとに、税金面で有利な扱いを受けることは法律的には難しいです。

それでも、あまりにひどい誤指導の場合は、税務署と掛け合うことも出てきますし、法律的には難しくても税務調査で考慮してくれることもあります。だからこそ日にちと名前は控えておきましょう。

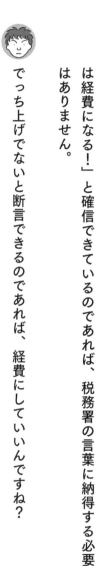

第4章

税務調査は節税の切り札になる

「税務調査」って、どんな印象を持ってます？
威圧的
恐怖
強権的
でしょうか……
映画とかをみると、納税者が震えてますし……
わはは そうですね

でもそれは、ウソの経費を計上したりと、不正をしているからなんですよ
そっかグレーゾーンの経費はウソではないですよね
そうなんです。だから全然怖くないんです
交渉のテーブルについたぐらいの気持ちでいればOKです

それに、不正取引をしていないケースで税務調査が入るケースって、極めてレアなんです
そういや周りでも、ほぼいません
個人全体で見ても１００年に１回といったレベルです
宝くじ当選レベル！
それに税務署職員は実績を重ねたいと思っているのです
よし！

そうなると、不正を暴いたほうが……
そうなんです
個人のグレーゾーンの経費なんて、たいした金額ではないのでたかが知れているわけですよ
面倒なのでスルーすることも多いんです
でも万が一入ったら、経費として認められないこともあるんですよね？
まず、

証拠があるわけですよね
はい
Instagram
e-nagamine
永峰英太郎　講演会
親の介
の話
講演会、無事終了しました！
スーツの使用メモ
日付　使用内容
1月21日　講演会で使用
1月23日　営業で使用
経費には絶対的な基準がないので、経費を認めないことも税務署は難しいのです
納税者
スーツは経費です
税務署
スーツは経費ではありません
絶対的な基準はない！
これで本当に大丈夫なんですか？

きっぱり
大丈夫です
基本的には修正申告したら調査は終わりです
「納得できないので出しません」とすると
スーツが経費にならないのは納得できないので出しません!!
え…
「修正申告をしてもらわないと調査は終われないため、税務署は困る」
うーん 終らない 帰えれない
なので妥協しやすいのです!
(おまけに経費の額も少ないので)
なるほど!

01 節税の切り札——それが税務調査

仕事だけではなく、プライベートでも着用するスーツのようなグレーゾーンの経費は、ほぼ100パーセントの確率で「経費にはできません」と言われます。

国税庁が「スーツは経費にあたらない」という見解を示している以上、上意下達の国税庁の職員はそれに従わざるを得ないからです（68ページ参照）。

そうした事情もあり、納税者の多くは「スーツは経費にならない」とあきらめて、確定申告時に、経費として計上しません。しかし、そのスタンスを取ってしまうと、どんどん所得税は高くなっていってしまいます。繰り返しますが、税務

署のお墨付きがある経費は、極めて少額だからです。

税務署としては、できるだけ経費は認めたくないんでしょうね。

税務署は「税金を取ることが仕事」なんですよ。それゆえ、100人中100人が「これは経費になる」と思えるようなものにだけ、お墨付きを与える傾向にあるんです。

とはいえ、本書で触れてきたように、前述のスーツが「講演会で着た」「営業先で着た」といった事実があれば、それは「仕事で使ったもの」であることは間違いありません。

それだけに絶対にあきらめる必要はありません。その費用が経費である理由をとことん強気に主張して、堂々と経費として計上すべきなんです。

でも、それだと税務調査が入る可能性があるわけですよね？

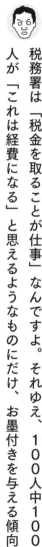

それこそ「してやったり」なんです。

なぜ、税務調査が入ることが「してやったり」なのでしょうか？

税務調査の限界として、グレーゾーンの経費に対しては、強権的になれないという現実があります。シロかクロか正解がなく、判断が分かれるものについては、明確な誤りというものは存在しないからです。

こちらとしては、とことん強気に主張するための〝証拠〟もあるわけですしね（73ページ参照）。

「明確な誤りではない」ので、経費とする余地があるのです。ところで、税務調査の結果、間違いが発見された場合は、納税者は「申告に誤りがありました」という、当初の申告書を修正するための「修正申告書」を税務署に提出することになっています。

私たち納税者が提出するんですね。

そうです。この修正申告書は、納税者が「反省しました」として自主的に提出すべきものなんです。

でも、「スーツは仕事のために買った」と思っているわけですから、反省なんてできないよなあ……。ちゃんとメモ書きで「使用した月日」も残してあるし。それに極めてシロに近い経費や無料相談で認められているものもあるわけだし……。

そうなんです。反省をうながすには、明白な誤りがあることを納税者に指摘し、納得してもらう必要があります。しかし、グレーゾーンの経費については、それが極めて難しいんです。

では、どのように決着をつけるのでしょうか？

実は、税務署と納税者の間で折り合いをつけるということが行なわれているのです。

実は、法律的には納税者の申告書の誤りについては、税務署が「更正処分《こうせいしょぶん》」と呼ばれる行政処分で是正すべきとされているんです。

えっ？　修正申告書ではなくて？

そうなんですよ。でも、税務署は更正処分に消極的なんです。というのも、もし更正処分のカードを切って、そのことを納税者が不服と感じたら、税務署に対して「不当な課税をした」と裁判を提訴することができるからです。

裁判ですか!?

そうです。つまり、税務署が更正処分を行なう場合には、そのあとに起こり得る裁判を視野に入れる必要があります。裁判になれば、税務署が敗訴すること

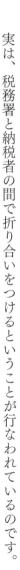

もあり得る。そして何よりも、裁判を行なうとなると、資料集めに奔走したり、上司に何度も決裁をもらったりと、調査官には大きな手間と時間がかかります。

なるほど。それがイヤだから、修正申告書の提出をうながすんですね。

修正申告書は自主的に提出するわけですから、裁判沙汰になることもありません。それゆえ、法律の原則である更正処分ではなく、修正申告書の提出という例外で決着をつけようとしているんです。でも、納税者にうま味がなければ、修正申告書なんて提出してもらえないですよね。

確かに。

そこで行なわれるのが、税務署側が追徴税額を「減額する」代わりに、納税者に修正申告書を提出してもらうといった交渉なんです。

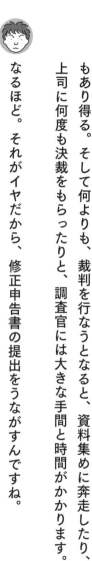

でも、追徴税額を減額するってことは、完全に経費として認めるわけではないですよね。「スーツは8割経費」と計上したとしても、もっと低い割合になってしまう……。税務調査は手間と時間がかかる点を加味すると、あまり意味がないような気がします。

加えて、税務調査には「少額不徴収」といわれる考え方があるんです。税務調査で間違いが明らかになっても、その金額が少なければ、あえて是正しないというものです。

小さいものには目をつむる、ということですか?

その通りです。

税務調査で、間違いの金額が少ない場合は、影響が小さいという場面で次のような処理が行なわれることがあります。

①小さな金額の問題は、あえて目をつむる
②納税者の納得を得ることが難しいグレーゾーンに位置する問題点のうち金額の大きくないものについては、今回の税務調査では、あえて是正しないとしたうえで、将来的に是正すべき問題点として「指導事項」にとどめる。

このような「少額不徴収」ですが、グレーで1つ1つの金額が大きな経費はこれに該当しやすいですよね。

ここで覚えておいてほしいのは、税務調査を活用することで、グレーゾーンの費用を経費として落としやすくなるということです。

02 税務調査が入る確率は、個人事業主は1パーセント弱

私が証拠やコジツケのあるグレーゾーンの費用をきちんと経費として計上することを勧めるのは、そもそも税務調査に入られる確率が非常に少ないからという理由もあるんです。

確かに私の周りでも、この10年で友人が1人、税務調査に入られたくらいです。

でしょう？

次ページに載せた図は、全体の納税者（分母）に対する税務調査の実施件数（分子）——つまり、税務調査が実施される確率（実調率）です。

個人事業主は1パーセント弱なんですね！

そうなんですよ。法人であっても3パーセント弱程度なんです。この確率をもとにざっくり計算すると、個人については１００年に1回、法人については60年に1回程度しか実施されないことになるんです。

何か宝くじ並みの確率ですね。

この数字は、大きな赤字を計上している会社や、年商が少ない小規模な事業者など、税務調査の対象者に選ばれる確率が極めて低い納税者も分母に含めたものなので、本当に税務調査を心配すべき納税者の実体としては、もう少し税務調査が入る確率は上がりますが、それでも心配するほどのことでもないことがわかるはずです。

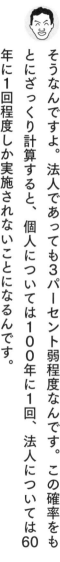

実調率の推移

①申告件数の増加等による業務量の大幅な増加、
②経済取引の国際化・高度情報化の進展による業務の質的困難化に伴い、
「実調率」は、平成元年と比較して、法人・個人とも低下

実調率 ＝ 実地調査件数 ÷ 対象法人数、税額のある申告を行った納税者数（注1、2）

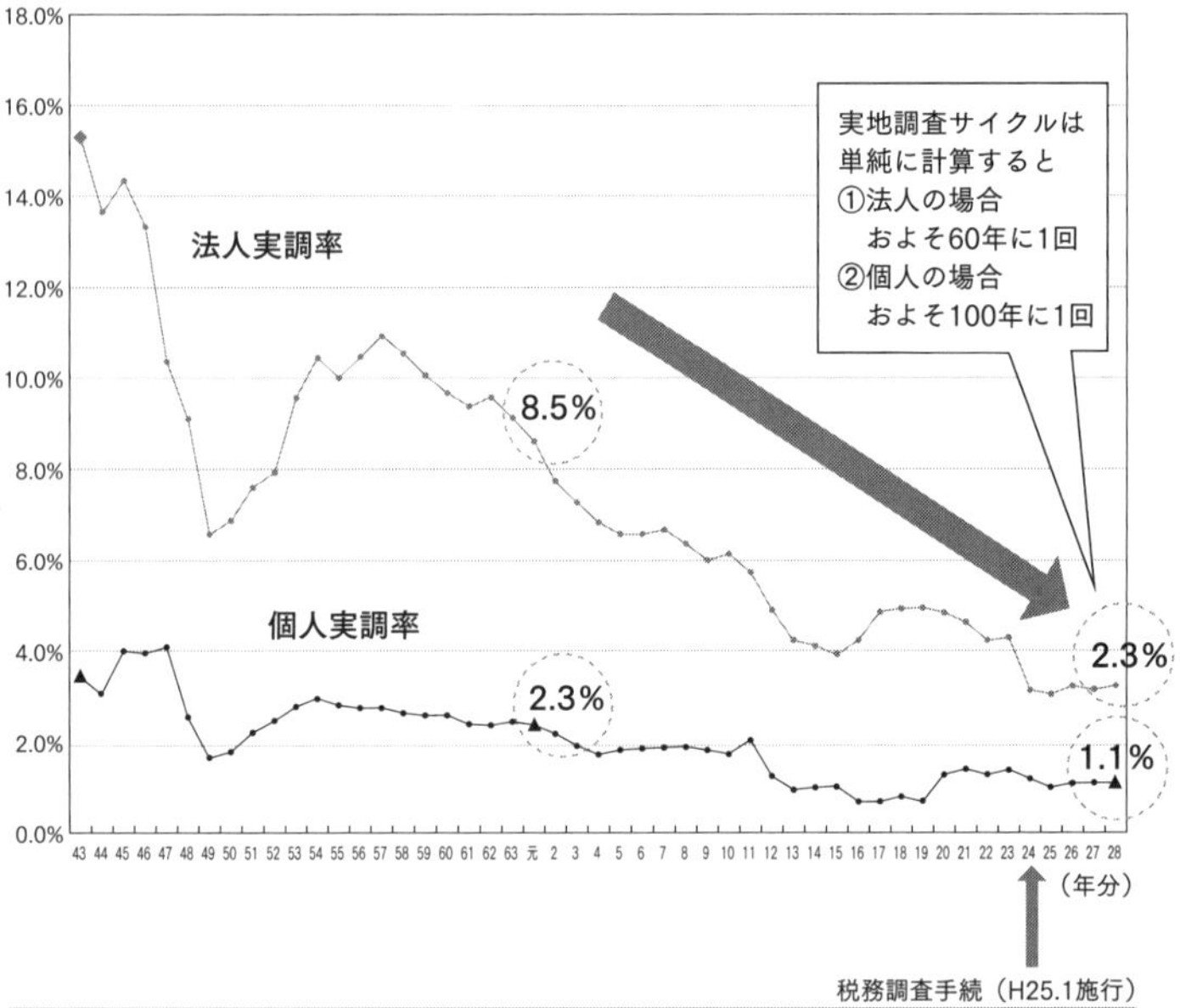

（注1）「人実調率」は、実地調査の件数を対象法人数で除したもの。
（注2）「個人実調率」は、実地調査（20年分以降は実地着眼調査を含む。）の件数を税額のある申告を行った納税者数で除したもの。

出典：国税庁「税務行政の現状と課題」（平成30年1月24日）

それに皆さんが行なうのは、グレーゾーンの費用を経費として落としているのであって、決して不正取引（１４４ページ参照）ではありません。税務署側にとっては、人的・時間的コストを考慮し、追徴できる税金が大きくなる不正取引を行なっている納税者を狙い撃ちにしたいと考えています。

実際、税務署では、納税者の取引銀行や公的機関をこっそり調査し、不正取引を行なった納税者をピックアップしています。そういう個人や会社が税務調査の最大のターゲットになっているのです。

そう考えると、グレーゾーンの経費ごときで、税務署が「税務調査に入ろう」とは、多くはなさそうですね。

そういうことなんです。

ところで、税務調査には時効はあるのでしょうか？

２０２２年分の確定申告をその期限である２０２３年にしたら、その年の税務調査は、２０２２年分のみが対象になるんですか？

いえ、不正取引がなければ原則として申告した年分の確定申告期限から５年間となっているんです。とはいえ、実際のところ５年間も調査することは多くありません。まず、２０２２年分から過去３年さかのぼって、「これらの申告内容に問題あり」と判断した段階で、過去５年分についてもチェックするケースがほとんどです。

ですから、確定申告をしてから３年が経過すれば、不正取引をやっているような場合を除いて、税務調査のリスクは基本的になくなると考えて大丈夫です。

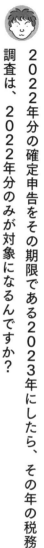

03

国税調査官って、どんな人？

そもそも税務調査を行なう国税調査官というのは、どのような人なんでしょうか？税務調査への恐怖感からか、威圧的・強権的な態度をイメージする人も多いのではないかと思います。でも実際は、違うのです。

130ページで国税調査官が更正処分を敬遠する理由について触れましたが、もう1つ、彼らはリスクを負いたくないという側面も大きいんです。更正処分というのは、国家権力を前提とした強権的なものだといえます。もし、

更正処分を濫発したら、税務署に対する風当たりも相当大きなものになることが予想されるんです。こういったクレームを恐れているんですよ。そもそも彼らの身分はなんだと思いますか？

公務員ですよね。

その通りです。世間一般的に、公務員のイメージって、「事なかれ主義」「面倒を嫌う」「融通が利かない」といった感じですよね。国税調査官の多くが、このイメージ通りなんですよ。

威圧的・強権的とは、かけ離れていますね。

もちろん、国税調査官の中には、威圧的な態度をとる人もいます。でも、近年は税務署に対する納税者の目が厳しくなっており、国税庁はこれまで以上に慎重な税務調査を進めるように、国税調査官に強く指示しています。その結果、「自

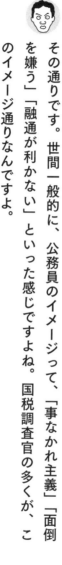

分は偉い」と勘違いしている国税調査官は淘汰される傾向にあるんです。

さらに、国税調査官の多くに共通する気質があります。それは「力の入れどころ」を知っているという点です。

国税調査官って、税務調査の数をこなしていれば、評価が上がるというわけではないんですよ。

それよりも実績ということですか？

まずはそうです。高い評価を得るには、大口の不正取引を数多く暴くことが大切になってくるんです。だからこそ、不正額の多そうな税務調査にマンパワーを集中させ、そうでないものについては、できる限り省力化をはかろうとする傾向にあるんです。

加えて、税務署の評価で最も重視されるのは上司へのゴマすりです。このため、

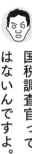

実は税務調査そのものにもあまりやる気がありません。

グレーゾーンを活用した節税は、不正取引ではないから、あまり力を入れようとはしないわけですね。

グレーゾーンの経費について、税務調査で問題になることが少ないのは、こうした国税調査官の気質による面もあるんですよ。

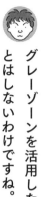

04 売上などのでっち上げは絶対にしてはいけない

税務調査が節税対策に有効であり、かつ調査が入る確率も低いことは、わかりました。でも万が一、調査が入るとなると、やっぱり怖いんですよね……。映画とかを見ると、納税者がブルブル震えたりしてますし。

それは不正取引をしているからです。不正をしてしまえば、それは犯罪であり、本書を読んでも何の意味もありません。

ところで不正取引とは、どんなものがあるのでしょうか？

不正取引とは、専門的には「(事実の)仮装または隠ぺい」や「偽りその他不正の行為」といわれています。代表的なものとして、以下の3つのようなものがあります。

①売上除外（収入除外）……申告すべき収入を申告せずに、懐に入れたり、申告していない銀行口座にプールする行為

②架空原価（架空経費）……支払っていない原価や経費をでっち上げ、税金計算上の経費として申告する行為

③架空人件費……雇ってもいない人を従業員として給料を払ったこととし、税金計算上の経費として申告する行為

税務署が行なう税務調査の第一目的は、脱税である不正取引を発見することなんです。右に挙げたような3つの行為をしている納税者に対しては、厳しく税務調査を行なうというわけなんです。

経費については「でっち上げ」や「仕事で使ってないのに経費化」をしてしまえば、「②架空原価（架空経費）」に該当しますが、グレーゾーンの費用が、経

費になるか否かという問題は、判断の問題です。意図して税金をごまかそうとする不正取引とは、まったく関係ないんですよ。

なるほど。

税務調査が入る旨の通知が来ただけで「夜も眠れません」と言う人もいます。実際、そうした人を私はたくさん目にしています。そういう人のほとんどが、何かしらの不正取引を行なっていることが多いのです。

そういうシーンをテレビや映画で見ているから、怖いイメージを持ってしまっているでしょうね。

そうなんですよ。それに不正取引をしていない納税者に対しては、税務署は強硬的な追及をすることはできません。もし、そうした行為をしたとなれば、違法とされることもあります。

05 税務調査の「流れ」を押さえておく

おそらく皆さんのほとんどは、税務調査を受けた経験はないと思います。どんなことが行なわれるのかわからないがゆえ、税務調査に対する不安が強くなるといえます。ここで税務調査の「流れ」を押さえておきましょう。

税務調査って、1週間くらいかけて、じっくり行なわれるものなんですか？

いえ、一般的には1～2日の日程で行なわれます。税務調査を受け持つ件数は、調査官1人にあたり、だいたい年間30件程度です。とはいえ、この件数をクリ

アするのは、ホントに大変なんですよ。確定申告時は税務調査はできませんし、年末や年度末も行なえません。つまり1件に対して、それほど多くの時間を割くことはできないんですよ。

1～2日だと思えば、心に余裕も生まれそうです！

まず、税務調査官が税務調査を行なうと決めたら、原則として日程調整の電話連絡が入ります。ここで調整した日程が税務調査の実施日となります。

税務調査の流れは、大きく次の3つに分かれます。

①事業の概要やビジネスの立ち上げからに沿革についての質問（事業概況ヒアリング）
②帳簿や原子記録の確認
③税務調査の結果につき、交渉を行なう

まず1日目の午前中に①を行ない、そのあとの調査はすべて②となります。そ

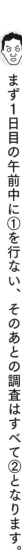

して、税務署内で検討するなどして、後日税務調査の結果を発表するという流れになります。そして、問題があればまた別日程を取るなどして、③という順番になります。

事業概況ヒアリングというのは、つまり自分のビジネスについて話せばいいんですよね。

そうです。このときは絶対にウソをついてはダメですよ。かといって、能弁になりすぎてもいけません。

緊張する場って、ついいろいろ話してしまいがちですよね（笑）。

そうするとボロが出る可能性もあるんですよ。質問されたことにはウソをつかずに正直に答えるとともに、聞かれていないことまでベラベラ回答はしないことが大切です。

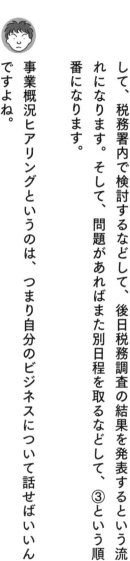

06

税務調査の連絡が来たら、まずはケアレスミスをチェックする

税務調査の連絡が入るときって「経費について話を聞きたい」といった具合に、なぜ調査が入るのかの理由を前もって教えてくれるものなんですか？

教えることはまずないですね。事前に伝えてしまうと、納税者に「自主修正」をされる可能性があるからです。自主修正をされると、税務調査のペナルティーである加算税を減額しなければならなくなりますから。

税務調査が入り、申告書の誤りが発覚すれば、納税が漏れていた税金だけではなく、

加算税や遅延利息としての延滞税がかかります。

自主修正というのは、文字通り「自分で修正する」ということですか？

そうです。「税務署から実際に間違いを指摘されるまでに提出した修正申告書」であれば、自主修正として認められることになります。自主修正は2つあります。

1つは「税務調査しますよ」という税務署からの電話が来る前の自主修正。これなら加算税は免除されます。

もう1つは、税務署からの電話が来たあとの自主修正。この場合には、、加算税は減額されるのです。過少申告加算税（通常の申告漏れ）は原則10パーセントですが、それが5パーセントになります。

なるほど。税務署が事前に間違いを伝えてしまえば、納税者は先回りして、自主修正してしまうわけかあ。

令和 0 年分の所得税及び復興特別所得税の修正申告書（別表）　FA0049

第五表（令和元年分以降用）

住所（又は事業所 事務所 居所など）		フリガナ 氏名	

○ 修正前の課税額　（単位は円）

総合課税の所得金額	事業 営業等	①	
	事業 農業	②	
	不動産	③	
	利子	④	
	配当	⑤	
	給与 区分	⑥	
	雑	⑦	
	総合譲渡・一時	⑧	
	合計（①から⑧までの合計）	⑨	
※		⑩	
※		⑪	
所得から差し引かれる金額	社会保険料控除	⑫	
	小規模企業共済等掛金控除	⑬	
	生命保険料控除	⑭	
	地震保険料控除	⑮	
	寡婦、寡夫控除	⑯	0000
	勤労学生、障害者控除	⑰～⑱	0000
	配偶者（特別）控除 区分	⑲～⑳	0000
	扶養控除	㉑	0000
	基礎控除	㉒	0000
	⑫から㉒までの計	㉓	
	雑損控除	㉔	
	医療費控除 区分	㉕	
	寄附金控除	㉖	
	合計（㉓＋㉔＋㉕＋㉖）	㉗	
税金の計算	課税される所得金額 ⑨対応分	㉘	000
	課税される所得金額 ⑩対応分	㉙	000
	課税される所得金額 ⑪対応分	㉚	000
	税額 ㉘対応分	㉛	
	税額 ㉙対応分	㉜	
	税額 ㉚対応分	㉝	
	税額 計（㉛＋㉜＋㉝）	㉞	
	配当控除	㉟	
	区分	㊱	
	（特定増改築等）住宅借入金等特別控除 区分	㊲	00
	政党等寄附金等特別控除	㊳～㊵	
	住宅耐震改修特別控除 住宅特定改修・認定住宅新築等特別税額控除 区分	㊷～㊹	
	差引所得税額（㉞-㉟-㊱-㊲-㊳-㊴-㊵-㊶-㊷-㊸-㊹）	㊺	
	災害減免額	㊻	
	再差引所得税額（基準所得税額）（㊺－㊻）	㊼	

整理番号		一連番号	

税金の計算	復興特別所得税額（㊼×2.1％）	㊽	
	所得税及び復興特別所得税の額（㊼＋㊽）	㊾	
	外国税額控除 区分	㊿	
	源泉徴収税額	51	
	申告納税額（㊾－㊿－51）	52	
	予定納税額（第1期分・第2期分）	53	
	第3期分の税額（52－53） 納める税金	54	00
	第3期分の税額（52－53） 還付される税金	55	

○ 修正申告により増加する税額等

申告納税額の増加額	56	
第3期分の税額の増加額	57	00

○ 修正申告によって異動した事項

○ 所得金額に関する事項

所得の種類	種目・所得の生ずる場所	収入金額	必要経費
		円	円
異動の理由			

○ 事業専従者に関する事項

氏名		氏名	
控除額等 異動前	円	控除額等 異動前	円
控除額等 異動後		控除額等 異動後	

○ 所得から差し引かれる金額に関する事項

所得控除の種類	所得控除額	異動の理由
	円	

○ 税金の計算に関する事項

税額控除等の種類	税額控除額等	異動の理由
	円	

○ 住民税・事業税に関する事項

住民税	配当に関する住民税の特例	円	
	非居住者の特例		
	配当割額控除額		
	株式等譲渡所得割額控除額		
	寄附金税額控除 都道府県、市区町村分（特例控除対象）	円	条例指定分 都道府県 円
	寄附金税額控除 住所地の共同募金会、日赤支部、都道府県、市区町村分（特例控除対象以外）		条例指定分 市区町村
事業税	非課税所得など	番号	所得金額 円
	損益通算の特例適用前の不動産所得	円	
	不動産所得から差し引いた青色申告特別控除額		
	事業用資産の譲渡損失など		
異動の理由			

整理欄	申告区分	申告等年月日		所得種類	
	特例適用条文	__法	条の	項	号
	申告期限				

○第五表は、申告書Bの第一表と一緒に提出してください。

修正申告書

ところで、グレーゾーンの費用を経費として落として、後日、税務署から税務調査の連絡が入った場合、納税者は「経費についてだな」と思うものですが、そうではなく、税務署は**「売上除外（収入除外）」**を理由にしている可能性もあります。

不正取引の種類は、主に「売上除外（収入除外）」「架空原価（架空経費）」「架空人件費」の３つ（１４４ページ参照）がありますが、このうち税務署が最も問題視しているのが、「売上除外（収入除外）」なんです。納税者の中には、確信犯ではなく、勘違いなどで誤って売上を計上している可能性もあります。それだけに税務調査の連絡が入ったら、まずは売上についてミスをしていないか、チェックするようにしてください。特に、個人事業主は売上のミスが多いですし、かつ売上の金額が最も大きいですから、この金額が正確だと税務署の心証も非常に良くなり、交渉が有利になります。

なるほど。税務調査の連絡は「もしかしたら計算ミスをしているかも」というサインになるわけですね。

そういうことです。そしてミスがあれば自主修正してください。

で、自主修正を行なったら、税務署に連絡を入れるわけですね。

税務調査官と対面した段階で「直しましたけど」と伝えてもＯＫです。それと、税務署からの電話があったあとの自主修正は、税務調査官にとっても、それほどイヤな行為ではないんです。というのも、調査件数のノルマ（１４６ページ参照）に対し、この場合の自主修正はカウントされるからなんです。

この自主修正については、「グレーゾーンの経費」を「間違ってました。やっぱり経費にしません」という使い方もできます。

これまで何度も「税務調査は怖くない」とお伝えしていますが、実際に税務調査が入る予告があると、怖いと思うのは自然の理ともいえます。もし、税務調査の目的が「グレーゾーンの経費」であることが予想できる場合は加算税など

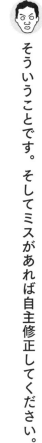

はかかりますが、あえて自主修正をしてしまうのも、1つのテです。

万一のときは「自主修正すればいい」と思えば気が楽になりますね。

07

税務調査は、納税者が主導権を握れる

税務調査って、マルサが行なう脱税捜査を除き、国税調査官に対して、納税者が特別な許可を与えて行なっているというのが本質なんですよ。

こちらが許可を与えている……。

法律上、税務調査は「任意調査」というカテゴリーに入ります。

任意調査とは、国税調査官が税務調査を行なうことを、納税者が拒否することは違法になるものの、その実施にあたっては、調査対象者の都合を尊重しなければならない調査を指します。

まず1つ言えるのは、自分の仕事や家族を犠牲にしてまで国税調査官に協力することはない——このことは覚えておいてください。

よく「ガサ入れ」という言葉を耳にします。あれは突然来るんですよね。そうした場合はどうすればいいんですか？

まず大前提として、グレーゾーンの経費を巡って、ガサ入れ——つまり、無予告調査が入ることは原則としてありません。ガサ入れは、基本的には資料を廃棄されるリスクがあったり、調査先と連絡が取れなかったりする場合に行なわれます。万一、ガサ入れが入った場合にも、当日の都合が悪ければ、延期することができるんです。

へぇ、意外です。

ガサ入れも任意調査であることは変わりないので、納税者はなんでもかんでも協力する必要はないんですよ。ほとんどの納税者は、税務調査の経験がありませんから、税務署の言いなりになってしまいがちですが、絶対にそれはやめましょう。

では、どのくらい協力するスタンスを取るべきなのでしょうか。

重要なポイントは2つあります。

ポイント1　税務署が確認できる資料の範囲は限定されている

そもそも税務調査って、なんのために実施されるのか、わかりますか？

税金の計算が間違ってないかを確認するため、ですよね？

正解です。そのため、税金の計算に関係する業務に関する資料については、税務署は確認できるとされています。

つまり、ビジネスに関連することですね。

そうです。ビジネスにかかわることであれば、関係資料を提示したり、国税調査官の質問に回答したりする必要があります。では、もし「趣味は？」などと聞かれたら、どうしますか？

それはプライベートな質問ですよね。でも、国税調査官からの質問だし……。

この場合は協力しないでOKなんです。それと事業に関係ない、プライベートで使う預金通帳など私物を提示する必要もありません。

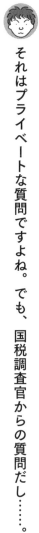

でも、国税調査官も理解しているものではないんですか？　プライベートに踏み込んではいけないということを。

いえいえ。国税調査官は法律に詳しいわけではありません。それに、知っていたとしても確信犯的な調査官も多数存在します。本当にプライベートなことを根掘り葉掘りヒアリングする人もいるので、協力しないよう注意してください。特に、任意調査の盲点なのですが、「協力すると調査官はなんだってできる」というのが税務調査なんです。

「協力するとなんだってできる」というのはどういうことですか？

先ほど、「私物を提示しなくていい」と言いましたが、仮に協力して提示しまうと、調査官はその私物を見ても法律的に何にも問題ないとされます。調査を受ける方が「協力」したからです。このため、不必要な協力をしないことが大事で、協力すべきかわからない場合には「その質問は税金の計算とどんな関係

があるのでしょうか？」と問いただしましょう。

ポイント2　自分に不利な証拠となる書面を提出する義務はない

これも国税調査官がよく行なう行為なんですが、税務調査の際に「○円申告を誤っていました」といった文言を書くように指示されることがあります。こうした書面を「一筆」といいます。しかし、このような自分にとって不利な証拠となる書面を提出する必要はないんです。

指示されたら、書いてしまいそうです。

この「一筆」を求められるケースって、けっこう多いんですよ。あらかじめ反省の文言を納税者から取ることで、税務署に有利に働かせようとするんです。でも、この「一筆」は、法律的には提出する義務はまったくないので、拒否してください。そのほか、供述調書みたいなものを調査官が作って、押印を求められることがあります。

供述調書って、刑事捜査で取調べを受けるときとかに作られるアレですか？コワっ！

この供述調書、専門的には「質問応答記録書」という書類ですが、調査官が作ってその内容が間違っていないか押印を求められます。押印をするとそれが事実と認めたことになりますので、決して押印してはいけません。なお、「押印を断れる」というのは国税の内規にも書いてますし、インターネットで「質問応答記録書」と検索してもらえば書いてありますから安心してください。

この2つのポイントを考慮しながら、協力すべきことと、協力しないでいいことを振り分けていくことが大切といえるのです。その結果、主導権を握りながら、税務調査の対応をすることができるようになります。

08

グレーゾーンの経費を、少額不徴収にするまでのステップ

税務調査は、私たち納税者にとって、未知の世界といって過言ではありません。税務署は税務調査の基本的なルールや税務署が考える「申告書の問題点」について、わかりやすく説明する必要があるとされています。

つまり、グレーゾーンの経費について「経費として落とせません」と言って来たら、その根拠について調査官は説明する必要があるわけですね。

そうです。でも、実際には調査官の説明は非常にわかりにくく、納得できない

ことがほとんどです。ですから「税金の知識が乏しい私にもわかるよう、根拠となる条文などを示して、わかりやすく説明してください」と申し出ることが重要になってきます。

そうすれば答えてくれるんですね？

いえ、基本的に答えられないです。条文を即答することができる調査官は税務署にはほとんどいません。ひどい場合だと、「後日調べて回答します」と先送りにして、そのままうやむやにしようとする人もいます。

この根拠条文の説明を求めることで、納税者にとって、特に有利になってくるのが、グレーゾーンの経費に関する質問です。

とはいえ、仮に国税調査官が根拠となる条文を探し出して、説明したとしても、そもそも経費はグレーゾーンですから、その条文を読んでも決め手になること

はほとんどありませんよ。

つまり、根拠条文を出しても、納税者を説得するには、弱いということですね。

そうなんです。ちなみに国税調査官の中には、税金に関する書籍の記述や国税庁が作成したパンフレットなどを持ち出して、それを〝根拠〟にしようとするケースがあるのですが、これは根拠にはならないので、突っぱねて大丈夫です。根拠となるのは、法令だけです。

68ページで、スーツが経費として認められないのは、国税庁のサイトに、そのことが載っているからという説明がありましたが、それは絶対的な根拠ではないということですか？

そうなんです。ですので、納税者は「法令だけに従えばいいと聞いているので、国税庁のサイトなどではなく、法令の根拠を示してください」と伝えることが

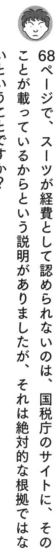

大切になります。

なるほど。

そうなると、相手はお手上げ状態になり、結果として、国税調査官は通説を説明して、半ば強引に納税者が間違っていると納得させたうえで、修正申告書を提出させて決着するように持って行こうとするんです。

でも、納税者は間違っているとは思っていないわけですよね。

そうです。きっぱりと「修正申告書は、税務署の指示に納得し、反省したうえで提出すべきだと認識しています。どうしても納得できませんので応じられません」と答えてください。万一、「更正処分をするぞ」（130ページ参照）と言われても、修正申告より不利な内容の更正処分をすることは許されませんので、不利益はありません。

その結果、１３３ページで触れたように、税務署は、今回の税務調査では、あえて是正しないとしたうえで、将来的に是正すべき問題点として「指導事項」にとどめることもあるわけですね。

そうです。とりわけ、経費の金額は１つ１つを取ってみればそんなに大きくないですから、少額不徴収としやすいです。このため、少額不徴収のカードを持ち出して、一件落着を図るといった対応で逃げることが多いわけです。

第5章

グレーゾーンを経費として認めさせるマル秘テクニック

税務調査に対する恐怖心はとれてきたかな？
はい！
不正取引をしていなければ、主導権をとって挑めそうです
もう一歩踏み込んで、税務調査時の〝マル秘テクニック〟を伝授しましょう！
㊙テクニック
＝よりグレーゾーンの費用が経費として認められるようになる！
ぜひ教えてください！

一番のポイントは…
一番のポイントは？
わくわく
「長引かせる」です！
えっ？
税務調査の連絡が入ったら、先延ばしにしたほうがいいのです
そんなの可能なんですか？
大丈夫です

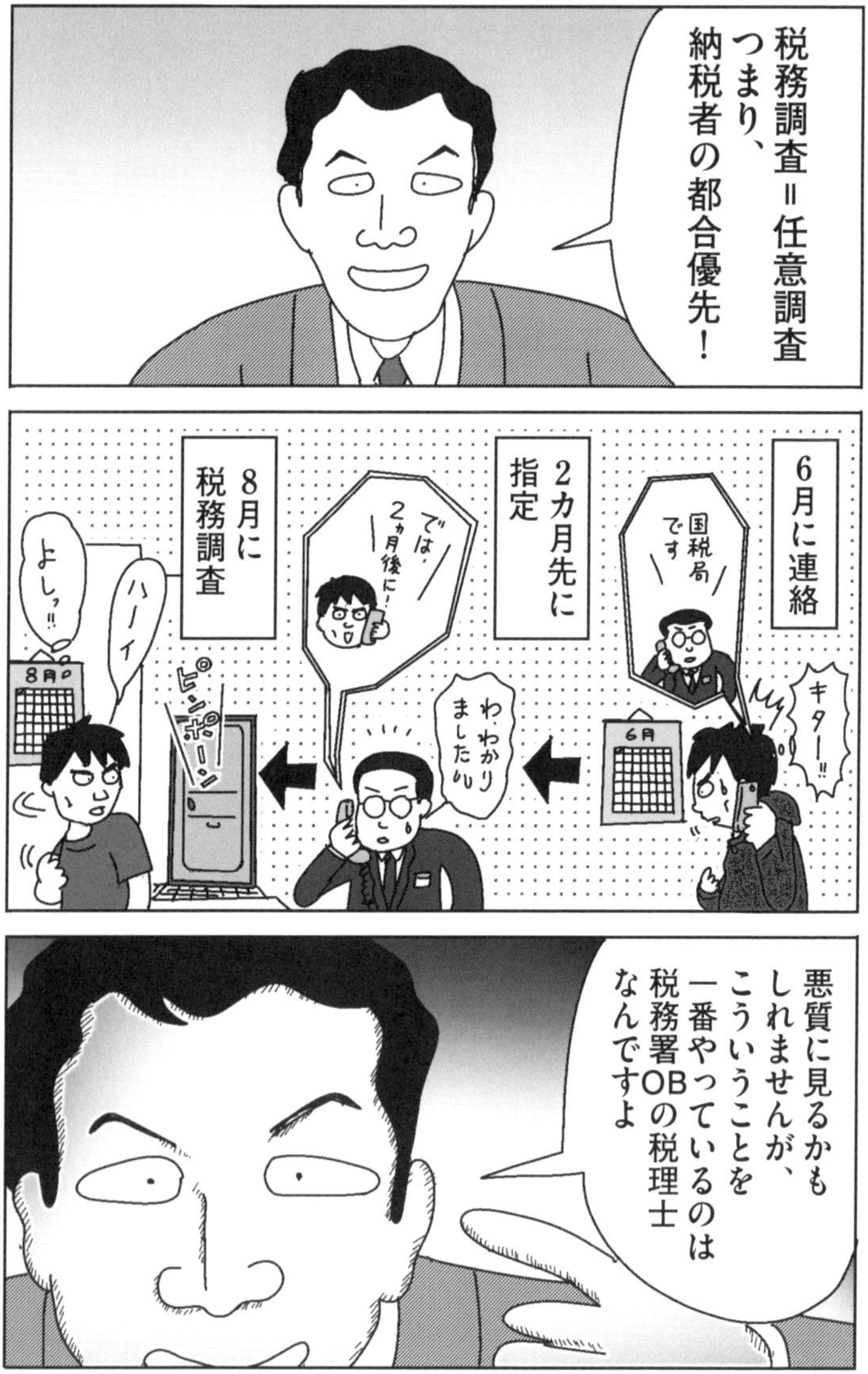

税務調査＝任意調査
つまり、
納税者の都合優先！
6月に連絡
国税局です
キターー!!
2カ月先に
指定
では、2ヵ月後に…
わ、わかりました!!
8月に
税務調査
ピンポーン
ハーイ
よしっ!!
悪質に見るかも
しれませんが、
こういうことを
一番やっているのは
税務署OBの税理士
なんですよ

そのあとはどうするんですか？
税務調査は自宅ではなく、税務署を選択してください
そして、その後も何かと先延ばしをはかっていきましょう
税務調査官は逆ギレしませんか？
そんなときはクレームを入れてください

長引くと税務署はどんな対応をとるんですか？
相当あせります
個人事業主は、原則、12月には税務調査を終わらせなければいけないのです
なるほど
12月
う〜っ 間に合わんい
その日程に近づけていくわけです
その結果、タイムアップになるってわけです（笑）
そんなことあり得るんですか？
それほど珍しいことじゃないですよ
先方から連絡もなく、尻すぼみになることも少なくないんです

ほかにも
マル秘テクニックは
いろいろある
更正処分にしてほしいと申し立てる！
それでは更正処分にしてください!!
うっ…
一部のグレーゾーンの経費をお土産として税務調査官にあげる
…わかりましたじゃあ、この分は経費じゃなくていいです
やった
経費は「落ちるもの」ではなく「落とすもの」です！
はい！仕事で使った費用なんですものね！

01

税務調査は、できるだけ長引かせるようにしよう

第4章では、グレーゾーンの費用を経費として認めさせるには、税務調査を活用することが有効であることをお伝えました。

この章では、さらに踏み込んだテクニックを紹介します。ここで紹介するワザを駆使して、グレーゾーンの費用をどんどん経費として落としていきましょう。

通常、税務調査が行なわれる場合、調査官から希望日程を伝えてきます。このとき多く人が「了解しました」と言いがちなんです。でも、それでは納税者が主導権を握りながら税務調査を進めることができなくなります。「その日は無

理です」といったん断ったうえで、納税者自身が日程を決めるようにしてください。

そんなことが可能なんですか？

何度も言うように税務調査は任意調査ですから。ただし、税務調査を断ることは違法ですから注意してください。しかし、延期は拒否ではありません。このため延期もできるわけで、日程の調整は、納税者の都合を優先させていいんですよ。

でも、国税調査官から打診された日程で大丈夫であれば、その日でもいいんですよね？

はい、ただし、できる限り後ろにずらしたほうがいいです。なぜなら、税務調査の長期化を狙うべきだからです。

なぜ、税務調査は長期化を狙うことが大切なのでしょうか？　実は税務調査官にとって、税務調査には締め切りがあるからなのです。

個人事業主の場合でいえば、翌年の確定申告の準備が始まる前——だいたい12月までには、原則、税務調査を終わらせなければいけないんです。

だから引き伸ばすのか！

はい。納税者は〝時間切れ〟を目指すべきなんです。連絡が来たとしたら、最低でも1カ月くらい先延ばししてください。

先延ばししても本当にかまわないんですか？

私の調査官時代の経験からいうと、ある税務調査を担当したときに先方に「2週間後ではどうでしょう？」と打診したところ、「どうしてもその日程が厳し

いので、1か月半後にしてほしい」という申し出があったんです。

ずいぶんと長い先延ばしですね。

私にとって初めての経験だったので、そのことを上司に報告したところ、「相手の都合通りでかまわない」と言われました。「税務調査は相手がある話なんで、自分の思い通りにはいかないもの」と税務署内ではよく言われたものでした。

調査官って、実際のところは納税者に配慮しているんですね。

7月に連絡が入り、2か月間先延ばしにしたら、9月ということになります。この間で、ケアレスミスがないかチェックしたりしつつ、自分の仕事に打ち込んでいればいいんです。

では、税務調査の開始を先延ばしたうえで、実際に調査の段階に入ったら、どんな対応をすればいいのでしょうか？　そこでも先延ばしがポイントになります。

まず、税務調査の電話があったら、税務調査でどのような資料が必要になるか、できるだけ細かく聞きましょう。法律上、税務署が税務調査で必要な資料を指示する義務があるとされていますから、細かく聞いて問題ありません。

加えて、「事務所で税務調査をしたい」と言ってきますが、「自分のところは手狭なので税務署にその資料を持って行って調査を受ける」と言いましょう。

細かく聞いたり、税務署に資料を持って行ったりすると、何かいいことがあるのですか？

たとえば、事前に指示されていない資料を税務署が見たいといった場合、「今手元に用意してないんで、明日以降で大丈夫ですか?」と答えることができますよね。「資料は事務所にあるので」とやると、時間を稼ぐことができます。

そんなこととして、税務署の心証が悪くならないのですか？

イヤ味を言われる可能性はありますけど、直接不利益を被ることはないので、大丈夫ですよ。だって、税務署のいうことを聞いて、本当に手元に書類を用意していないんですから。加えてこういうことを一番やっているのは、税務署の仲間である国税ＯＢ税理士です。

もし、威圧的な態度で、逆ギレされたらどうするんでしょうか。

税務調査が任意調査だとはいえ、調査官によっては、自分は偉いと勘違いしている人がいるのも事実です。

そんなときはクレームを入れてください。
たとえば、実際にあったひどい事例なのですが、調査当日に納税者が病気になったのに、それでも調査官から「1時間でもいいので話を聞かせてください」と

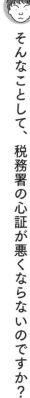

迫ってくるケースがありました。こういう、ひどすぎる税務調査も行なわれることがあります。そんなときは、担当調査員や上司に抗議をしても、水かけ論になりがちですので、国税局の支援調整官という部署や、総務課にクレームを入れてください。

直接調査担当部署にクレームを入れるのではないのですね。

総務課などのほうがきちんと話を聞いてくれますから。

税務調査が長引くと、税務調査官はどのような対応をとることになるのか。

相当あせります。そして11月くらいになると、調査官もかなり忙しくなっているので、放置することも多々起こるんです。それで、そのまま連絡が途絶えて、尻すぼみということもあります。

そうなんですか!?

それほど珍しいことではないですよ。実際、私のクライアントは、12月中旬に電話がかかってきて、「今回は見なかったことにする」という連絡が入ったこともあります。

時間切れになれば、納税者の申告したグレーゾーンの費用は、経費として認められたことになります。時間切れは、とても有効な戦略で、数多くの国税ＯＢ税理士が利用しています。

02

更正処分に持ち込んでほしいと訴え、相手を慌てさせる

130ページで触れたように、法律的には納税者の申告書の誤りは、税務署が**「更正処分」**と呼ばれる行政処分で是正すべきとされています。

しかし、もし更正処分のカードを切って、そこに不備があった場合、納税者は税務署に対して裁判を提訴することができます。それゆえ税務署は、納税者に修正申告書を提出してもらおうとするわけです。

更正処分など、納税者に対して不利益な行政処分を行なおうとするときには、その法律上の根拠をわかりやすく説明する資料の作成を義務づけられているん

です。

そうしないと納得できないですもんね。

法律的に理由が明確にされていない場合、理由に不備があるとして、のちに裁判などで問題視されることもあります。

自分が国税調査官だったら、納税者に修正申告書を出してもらうようにするだろうなぁ……。更正処分なんて、仕事が激増しそう……。

税務調査では、そんな調査官の〝気持ち〟を逆利用するのも、1つの方法になります。税務調査の際、「これは経費になりません」と言われたら、こう言い返すのです。

「……という理由で、私は当然に経費になると考えています。こうした証拠も

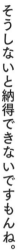

提示しているわけですし。自分は申告を間違えたとは思っていませんから、修正申告書は提出しません。どうしてもこの経費を認めてもらえないのであれば、更正処分をしてください」

こうして強気に主張すれば、国税調査官は非常に困ることになるんです。

更正処分は面倒くさいわけですものね。

結果、グレーゾーンに位置する節税を税務署が認めることも多くなるのです。

でも万が一、更正処分になったら……。

実は、修正申告書も、更正処分も、金銭的な面は変わることがないんですよ。更正処分を受けて、その後税務署から交付される書面（更正通知書）に書かれた税金を納めればいいだけなんです。あまり気にする必要はありません。

本当ですか！　私が調査官なら「仕事を増やしやがって」と思い、「更正処分するなら税額が増えるぞ」と言いそうですが。

はい、国税庁のホームページにも修正申告書と更正処分で税額は原則変わらないと明記されています。加えて、専門的ですが行政手続法という法律で、「修正申告書を出すような指導を拒否した、という理由で不利益な処分（税額を増やす）をしてはいけない」と規定されていますよ。

更正処分と修正申告のメリット・デメリットは？

	メリット	デメリット
更正処分	・間違いの理由が、原則として明確になる ・不満なら、裁判ができる	・税務署の心証が悪くなる
修正申告書	・早く税務調査が終わる	・裁判ができない

金銭面の不利益は両者で変わらない

03

一部のグレーゾーンの経費を、お土産として税務調査官にあげる

グレーゾーンの経費については、基本的に「税務署＝経費として認めない」というスタンスをとるわけですが、その一方で、国税調査官にとっては、その行為自体（経費として計上して申告する）については、ありがたい側面も感じているんです。

えっ？　なぜですか？

国税調査官が是認処理《ぜにんしょり》を避けられる可能性が高くなるからなんです。

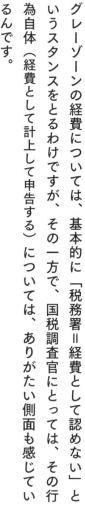

是認処理とは、税務調査の結果、問題を何も発見できなかった場合に税務署が行なう処理のことをいいます。

納税者にミスがなかった場合、国税調査官は「納税者が１００点満点の申告を行なった」とは思わないんですよ。「自分の実力がない結果」と捉える傾向にあるんです。実は、申告時に「明らかなクロ」を入れておく納税者もいるんです。これを「お土産」というんです。

売上の一部をあえて先延ばしにするとか、ですか？

そうです。なぜ、そんなことをするのかといえば、文字通り国税調査官への「お土産」とするからなんです。

著者が実際に経験した話を紹介します。

経理がきっちりしていると評判の会社に税務調査が入ったときのことです。国税調査員は、なかなか間違いを発見できませんでした。それでも調査員は、自分の力不足を認めたくないためあきらめません。すると、その会社の社長は「早く終わらせたいので、この20万円の経費については、経費にならないと判断してもらってけっこうですので」と申し出たのです。その調査官は、すぐに税務調査を終了させたのです。

納税者が確定申告する際は、グレーゾーンの経費が1つだけということはないでしょう。万が一、税務調査が入ったとき、無理のない税負担で終わる経費であれば、指導を受け入れて税金を納めるのも、戦略の1つになるんです。

是認処理を行ないたくない調査官が、重箱の隅を突くような形でネチネチと間違いを探しつづけたら「それならば」と切り出せばいいんですね。

そうです。確かに、追加で税金を納める必要は生じますが、ほかのグレーゾーンの費用はすべて経費にできるわけですから、全体を見れば、大成功ということになるんです。

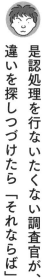

04 税務調査に強い税理士に丸投げする

ここまで本書を読んで、それでも「税務調査はイヤだ。でも、グレーゾーンの費用は経費にしたい」と思っているあなた！　ここでとっておきの方法を紹介します。税務調査の最初から終わりまで、基本的にすべて税理士に丸投げする方法です。

税務調査って、税理士に丸投げなんてできるんですか？

できますよ。手続きも簡単で、国税庁のホームページからダウンロードできる「税務代理権限証書」を税務署に提出すればいいだけです。

普段税理士に頼んでいなくても、税務調査のときだけ利用することも可能なんですか？

大丈夫ですよ。私自身、よく請け負ってますから。

税務調査を税理士に丸投げする一番のメリット——それは、納税者が国税調査官と顔を合わせる頻度を減らせるため、国税調査官の調査が十分にできなくなるという点です。

国税調査官は納税者から「〜の資料を提出してください」

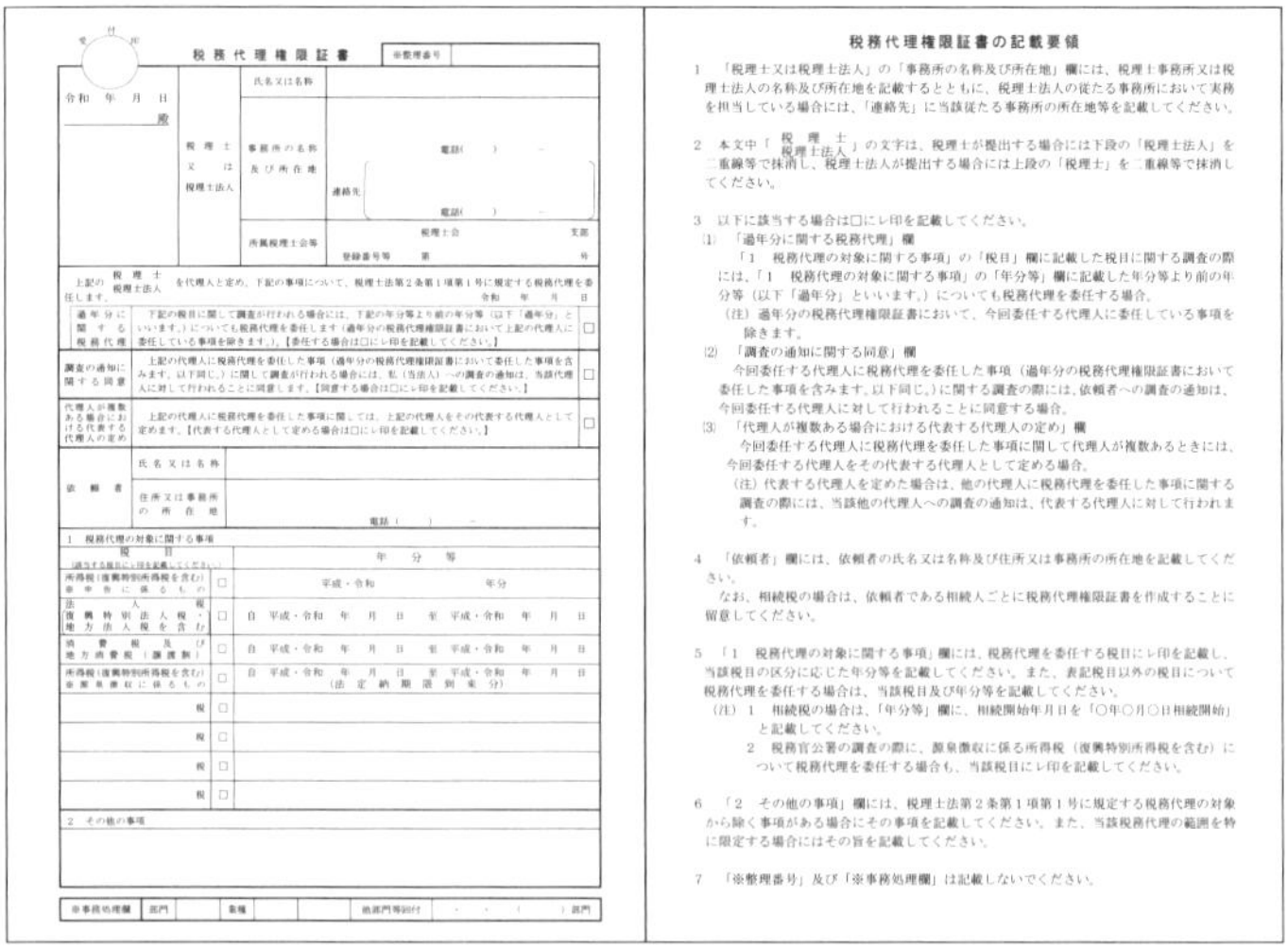

受付印

税務代理権限証書

※整理番号	

令和　年　月　日

殿

税理士又は税理士法人	
氏名又は名称	
事務所の名称及び所在地	電話（　）　－ 連絡先 電話（　）　－
所属税理士会等	税理士会　支部 登録番号等　第　号

上記の 税理士／税理士法人 を代理人と定め、下記の事項について、税理士法第２条第１項第１号に規定する税務代理を委任します。
令和　年　月　日

過年分に関する税務代理	下記の税目に関して調査が行われる場合には、下記の年分等より前の年分等（以下「過年分」といいます。）についても税務代理を委任します（過年分の税務代理権限証書において上記の代理人に委任している事項を除きます。）。【委任する場合は□にレ印を記載してください。】	□
調査の通知に関する同意	上記の代理人に税務代理を委任した事項（過年分の税務代理権限証書において委任した事項を含みます。以下同じ。）に関して調査が行われる場合には、私（当法人）への調査の通知は、当該代理人に対して行われることに同意します。【同意する場合は□にレ印を記載してください。】	□
代理人が複数ある場合における代表する代理人の定め	上記の代理人に税務代理を委任した事項に関しては、上記の代理人をその代表する代理人として定めます。【代表する代理人として定める場合は□にレ印を記載してください。】	□

依頼者	
氏名又は名称	
住所又は事務所の所在地	電話（　）　－

1　税務代理の対象に関する事項

税目（該当する税目にレ印を記載してください。）		年分等
所得税（復興特別所得税を含む）※申告に係るもの	□	平成・令和　年分
法人税（復興特別法人税・地方法人税を含む）	□	自 平成・令和　年　月　日　至 平成・令和　年　月　日
消費税及び地方消費税（譲渡割）	□	自 平成・令和　年　月　日　至 平成・令和　年　月　日
所得税（復興特別所得税を含む）※源泉徴収に係るもの	□	自 平成・令和　年　月　日　至 平成・令和　年　月　日（法定納期限到来分）
税	□	
税	□	
税	□	
税	□	

2　その他の事項

※事務処理欄	部門		業種			他部門等回付	・　・　（　）部門

税務代理権限証書の記載要領

1　「税理士又は税理士法人」の「事務所の名称及び所在地」欄には、税理士事務所又は税理士法人の名称及び所在地を記載するとともに、税理士法人の従たる事務所において実務を担当している場合には、「連絡先」に当該従たる事務所の所在地等を記載してください。

2　本文中「税理士／税理士法人」の文字は、税理士が提出する場合には下段の「税理士法人」を二重線等で抹消し、税理士法人が提出する場合には上段の「税理士」を二重線等で抹消してください。

3　以下に該当する場合は□にレ印を記載してください。
(1)「過年分に関する税務代理」欄
「1　税務代理の対象に関する事項」の「税目」欄に記載した税目に関する調査の際には、「1　税務代理の対象に関する事項」の「年分等」欄に記載した年分等より前の年分等（以下「過年分」といいます。）についても税務代理を委任する場合。
(注) 過年分の税務代理権限証書において、今回委任する代理人に委任している事項を除きます。
(2)「調査の通知に関する同意」欄
今回委任する代理人に税務代理を委任した事項（過年分の税務代理権限証書において委任した事項を含みます。以下同じ。）に関する調査の際には、依頼者への調査の通知は、今回委任する代理人に対して行われることに同意する場合。
(3)「代理人が複数ある場合における代表する代理人の定め」欄
今回委任する代理人に税務代理を委任した事項に関して代理人が複数あるときには、今回委任する代理人をその代表する代理人として定める場合。
(注) 代表する代理人を定めた場合は、他の代理人に税務代理を委任した事項に関する調査の際には、当該他の代理人への調査の通知は、代表する代理人に対して行われます。

4　「依頼者」欄には、依頼者の氏名又は名称及び住所又は事務所の所在地を記載してください。
なお、相続税の場合は、依頼者である相続人ごとに税務代理権限証書を作成することに留意してください。

5　「1　税務代理の対象に関する事項」欄には、税務代理を委任する税目にレ印を記載し、当該税目の区分に応じた年分等を記載してください。また、表記税目以外の税目について税務代理を委任する場合は、当該税目及び年分等を記載してください。
(注) 1　相続税の場合は、「年分等」欄に、相続開始年月日を「○年○月○日相続開始」と記載してください。
2　税務官公署の調査の際に、源泉徴収に係る所得税（復興特別所得税を含む）について税務代理を委任する場合も、当該税目にレ印を記載してください。

6　「2　その他の事項」欄には、税理士法第２条第１項第１号に規定する税務代理の対象から除く事項がある場合にその事項を記載してください。また、当該税務代理の範囲を特に限定する場合にはその旨を記載してください。

7　「※整理番号」及び「※事務処理欄」は記載しないでください。

税務代理権限証書

といった具合に、いろいろな要望を出してくるのですが、税理士に丸投げすれば当事者がその場にいないために、なかなか前に進むことができないんですよ。

まったく顔を合わせることはないんですか？

いえ、そういうわけではありません。

193ページでも触れますが、税務調査の流れは、大きく「①事業の概要やビジネスの立ち上げからに沿革についての質問（事業概況ヒアリング）」「②帳簿や原子記録の確認」「③税務調査の結果につき、交渉を行なう」の3つの段階に分かれます。

このうち②と③は、税理士に丸投げできますが、①については、納税者本人が説明する必要があるんです。そのため、事業概況ヒアリングを乗り切ることが、とても重要になってきます。とはいえ、難しく考えないで大丈夫です。聞かれたことにはウソをつかずに正直に答えればいいだけです。そして148ページ

でも触れたように、聞かれていないことまでベラベラ話さないということです。

「①事業の概要やビジネスの立ち上げからに沿革についての質問（事業概況ヒアリング）」が終わったら、こう言いましょう。

「私は税金のことがまったくわかりませんし、本日は××の予定があるので、あとは税理士にまかせます」

税務調査の結果説明は、納税者が聞くのでしょうか？

国税調査官は、代理人である税理士ではなく、納税者本人と直接会いたいと考えています。そのため「結果説明をしますので、納税者本人が税務署に来てください」と呼びかけるケースも多いのですが、それにも従わないで大丈夫です。結果説明についても税理士を通じて説明を受けることは可能とされているからです。

税務調査の流れ

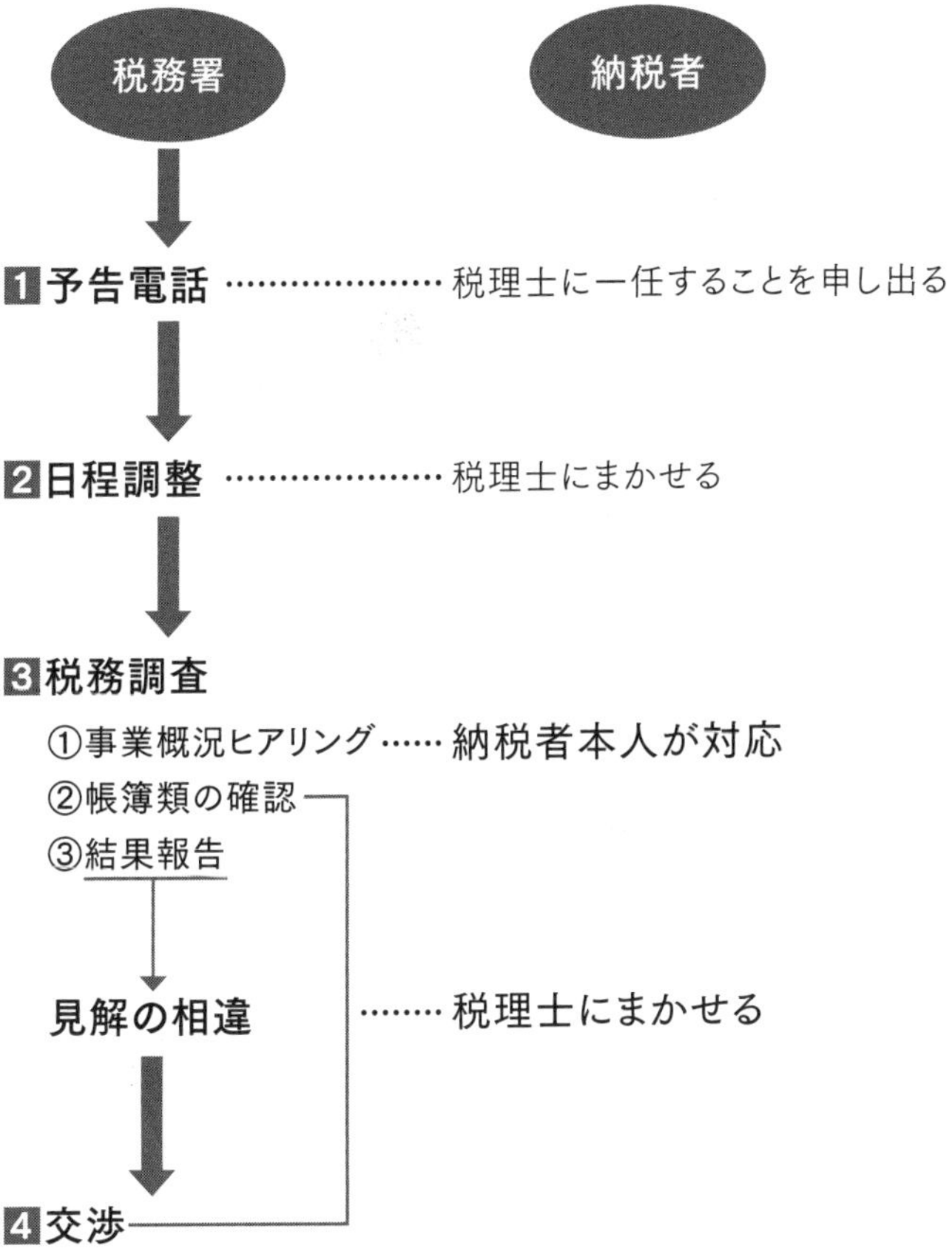

税務署
納税者
1 予告電話 …………………… 税理士に一任することを申し出る
2 日程調整 …………………… 税理士にまかせる
3 税務調査
①事業概況ヒアリング …… 納税者本人が対応
②帳簿類の確認
③結果報告
見解の相違
……… 税理士にまかせる
4 交渉

その結果に納得できなければ、どうすればいいのでしょうか？

税理士に税務署と交渉を行なうようにお願いしてください。信用できる税理士であれば、惜しみなく努力してくれますよ。

では、どのような信用できる税理士を探せばいいのでしょうか？

押さえておくポイントは2つあります。

①税理士試験は、税務調査の知識がなくても、合格する

税理士になるためには、基本的に税理士試験に合格する必要があります。この試験に合格した税理士を「試験組の税理士」などと呼んでいます。

しかしこの試験には、税務調査対策において重要な知識を問う問題はいっさい出題されません。

つまり「試験組の税理士＝税務調査に強い」というわけではないのです。試験組の税理士は、税務調査対策に必要な知識は、税務調査の立ち合いを繰り返す中で、習得していくものなのです。

②経験豊富な「OB税理士」にも弱点がある

税務署で所定の経験年数を積めば、税理士試験が免除される制度があります。この制度により無試験で税理士になった人を**「OB税理士」**といいます。OB税理士は実際に税務調査に従事してきているため、税務調査の知識はもちろん、税務署の弱点を突く交渉術にも長けています。

ただし、OB税理士は、もともとは法律知識のない税務署の職員ですし、そもそも税務署とは身内だったわけで、前職から悪い印象を持たれたくないとして、クライアントである納税者第一で動かない人もいます。

税理士に丸投げする場合は、①と②を考慮しつつ、実績を残している人に依頼する――これに尽きるといえます。税理士の経歴はもちろん、その税理士が税務調査において、目に見える実績を残しているかという点にも目を配ってください。

ホームページで「税務調査に強い」などと書かれている税理士に頼めばいいんですね！

いえ、ホームページでうたわれている実績を鵜呑みにしてはいけません。誇大広告であることが多いからです。無料相談などを活用して、できるだけ多くの税理士と面談して、決めていきましょう。

繰り返しですが、国税調査官と会わないことは、非常に効果の高い税務調査対策です。このため、できることなら税務調査は税理士に丸投げしたほうがいいでしょう。ただし「誇大広告の税理士に依頼したため不利益を被った」ということのないよう、資質をきちんと判断してください。

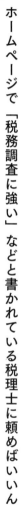

第6章

ちょっと知っておきたい法人化のこと

周りを見渡すと、個人事業主を卒業して、「法人成り」した人がいる
株式会社　ヤマカジ企画
代表取締役社長
梶山　靖雄
Kajiyama Yasuo
〒123-4567 東京都南区１－２－３
TEL 03-5678-4231
ということで、今後ともわが社をどうぞよろしく！
すごいなぁ！
いよっ社長！
へへっ
ちょっと嫉妬
法人化するには、やはり理由があるんですよ
まずは税金を安くするため

個人事業は、稼げば稼ぐほど、税金は高くなる「超過累進課税」
※所得税のみ
税率
5%
10%
20%
23%
33%
40%
45%
195万円 330万円 695万円 900万円 1800万円 4000万円
課税所得
売り上げが1000万円を超えたら、法人化のほうが税金が安くなる可能性が高くなるんです
なるほど！
まだメリットはあります
「あなたの給料が経費になる」点です
さらに「配偶者の給料も経費になる」んです

でも、法人化って面倒くさそうなんですよね
じつは、それがデメリットなんですよ
会社を運営すると、多くの手間が発生するんです
たとえば事務所の住所変更
個人事業の場合
確定申告時に新しい住所を書けばOK
法人の場合
登記の手続きが必要
数万円の費用もかかる

それと
法人化すると
社会保険に加入
しますが、
社会保険
健康保険
厚生年金保険
個人事業だと
「国民健康保険」と
「国民年金」に
加入していいます
よね
個人事業のとき
よりも、保険料は
かなり高めに
なるんです
これも
デメリット
かもしれません
法人化って、
メリットも
デメリットも
あるんだなぁ
大事なのは、
そのことを
理解すると
いうことです
そして、
それでも
「法人のほうが
いい」と判断
できたら、
法人化すれば
いいんです
なるほど!

01 法人化するメリットって、いったい何？

皆さんの周りには、個人事業主を卒業して「法人成り」をした人はいませんか？「俺、会社作ったんだ」と言われて「すごいなあ」と思った経験、誰でも一度や二度はあるのではないでしょうか？

なぜ、法人化するんだと思いますか？

法人化って、その事業で成功して儲かっている人の専売特許ですよね。それだけに〝税金対策〟のためではないでしょうか？

正解です。法人化することでまず第一に「税金を安くする」ことができるんです。個人事業の場合、稼げば稼ぐほど、高い税金を支払う必要があります。これを「超過累進課税」といいます。４０００万円以上の所得で、45パーセントの所得税がかかることになるのです（22ページ参照）。

45パーセントって、約半分が税金に持っていかれるのか！

法人の場合は、国税の場合、資本金1億円以下であれば、年間８００万円以上で、法人税が23・2パーセントになるんです。

すいません。数字が細かすぎて、どれだけトクなのか、わかりません……。

私自身の感覚でいうと、消費税が2年免税になることも踏まえ（２０６ページ参照）、売上が１０００万円以上であれば、会社にしたほうが税金が安くなるといえます。

なるほど。

今お伝えした金額は、あくまでもだいたいの目安です。あなた自身が「超過累進課税のせいで所得税率が高い」と感じたら、それが法人化を考えはじめるタイミングだといえます。

法人化すると、なぜ税金が安くなるのか。その要因の1つとして「あなたの給料が経費になる」点が挙げられます。

個人事業主の場合は、自分自身の収入は経費にできませんよね。一方、個人事業でも青色申告者であれば、奥さんの給料は「青色専従者給与」によって、給与所得控除が認められます（38ページ参照）。

はい。

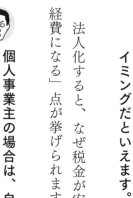

法人化すると、奥さんはもちろん、あなた自身も給料所得を受けることができ、給与所得控除が認められるんです。つまり経費を増やすことができるわけです。

自分にも給与所得控除が適用されるんですね。給料の額に決まりごとはあるんですか？

「適正額」という定めしかありません。個人事業主の青色事業専従者給与も「妥当性のある金額」と定められていますが、法人の場合、青色事業専従者給与よりも、給与の額を高めに設定しても、スルーされやすいんです。

ちなみに、子どもや親せきなどにも給与を支払うことはできるんですか？

法人で働いていればできますよ。所得って分散させたほうが、トータルの所得税は安くなるんです。それだけに、家族は、従業員にすることをおすすめします。

ところで皆さんは、個人事業主として、消費税を納めているでしょうか。

この答えは「納めている」と「納めていない」に二分されます。というのも、原則として前々年の売上金額が１０００万円以下であれば、たとえ取引の際に消費税を預かっていても、納税は免除されるからです。

つまり２０２３年の売上が１０００万円を超えたら、25年時に消費税を納めるというわけですね。

そうです。しかし、個人事業から法人化して会社を立ち上げると、消費税を払わないで済むようになるんです。

資本金が１０００万円未満の会社を立ち上げると、原則として設立から2年間は消費税の免税事業者になれるのです。

つまり、25年の時点で、法人化することで、原則として消費税は免除されるん

です。ただし、2023年の10月からインボイス制度が入りますので、免除されることが必ずしもいいことではなくなりますので、注意してください。

消費税を納める場合、自分が支払った分の消費税は差し引くことができる（これを**「仕入税額控除」**といいます）のですが、この改正により、仕入税額控除を認めてもらうには、**「適格請求書」**があることが義務になりました。

この適格請求書のことを「インボイス」っていうんですよ。で、このインボイスを発行できるのは、消費税課税事業者に限られるんです。

つまり、免税事業者は、発行できないってことですか？

そうなんです。つまり、取引先にとっては「免税事業者との取引は、仕入税額控除が使えないから、損だ」という気持ちを抱くことになるんです。その結果「だったら取引するのをやめよう」となる可能性もあるんです。

02

法人化するデメリットもあることを認識する

法人化のメリットを見ると、すぐにでも会社を設立したくなります。しかも出資金は1円からでいいんですから。

これまで個人事業主として働いて、手続き面で「面倒だなあ」と感じたことって、あります？

ずっと白色申告ですし、取り立てて面倒を感じたことはないです。独立する際に、税務署に書類を提出して以来、税務署に行くのは毎年、確定申告書を提出

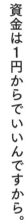

するときくらいです。

覚えておいてほしいのは、会社を運営すると、多くの手間が発生することになるということなんです。

個人事業の場合は、事務所の住所が変わっても、確定申告時に新しい住所を書けばいいのですが、法人化すると、登記の手続きが必要になってきます。役員が変更になった場合でも、登記の手続きをしなければいけません。

あなたが1人で株式会社を作って、取締役になった場合も、通常任期は2年で、任期満了時には、登記の手続きは必要になります。

うわぁ。面倒ですね……。

しかも、それらの手続きは無料というわけでもないんです。それぞれ数万円の

費用がかかってきます。こうした手間は、長く個人事業をしている人にとっては、大きな苦痛になることは間違いないんですよ。

また、法人化すると、**「社会保険」**に加入することになります。社会保険とは「健康保険」と「厚生年金保険」をあわせた総称です。個人事業主の場合は、基本的に「国民健康保険」と「国民年金」に加入していますが、法人のほうが、その負担額は高くなります。

法人化を考えるうえで、もう１つ考慮すべきが**「住民税」**です。

個人事業の場合、住民税は、所得割と均等割から成り立っています。

所得割とは、所得に税率を乗じて計算されるもので、税率は、市町村民税６パーセント、道府県民税４パーセントの合わせて10パーセント。

均等割は定額で、市町村民税３５００円、道府県民税１５００円の合わせて５０００円です。

会社の場合は、法人住民税として最低７万円を支払う必要があるんですよ。

事業が赤字でも、ですか？

そうなんですよ。この点はしっかり理解しておくべきなんです。

ここまで法人化のデメリットを見てきました。個人事業のままがいいのか、会社を設立すべきか、悩むところだと思います。

結論からいえば、メリットとデメリットを天秤にかけた結果、会社を設立することが自分の事業にとってメリットが大きいと判断すれば、法人化にかじを切るべきだと言えます。一番いけないのは、ここで挙げたメリットやデメリットについて深く検討せずに、「まあ、売上が伸びてきたから、会社を作ろう」などと、そのときの気分で動いてしまうことです。そのスタンスだと、必ず後悔をすることになります。

手間がかかることや法人住民税がかかることなどのデメリットをしっかり認識

したうえで「それでも法人化したほうが、今後の成長につながる」と思ったら、前に進めばいいんですね。

その通りです。そのスタンスであれば、あなたの事業は成長していきますよ。がんばってください。

おわりに

「経費は落ちるものではなく落とすもの」

冒頭で申し上げた言葉ですが、本書を読まれた皆さまであれば、この言葉の意味がよくわかるはずです。本当に効果的な節税とはリスクを取って行なうもので、リスクのない節税では、皆さまの望む効果を得ることはありません。

実際のところ、リスクのない節税の1つに、生命保険が挙げられます。生命保険は大きな節税になり、かつ問題になることも多くありませんが、その反面、生命保険会社の利益なども支払う保険料に反映されるので割高な場合もあります。

こういうわけで、リスクをコントロールしながら節税を行なうのが賢いやり方ですが、その方法が本書で述べた税務調査対策なのです。

本書において、その方法についていくつか紹介しましたが、実はそれ以外にもまだまだテクニックはあります。もっと知りたい方には、別途購入者特典（巻末参照）を用意いたしましたので、ぜひこちらもご参照ください。

ただし、税務調査対策で最も重要なノウハウは、「不正をしないこと」です。税務署が狙っているのは、現在もそして未来も、脱税などの不正取引の発見です。このため、このようなことをしていなければ、国税のターゲットには原則としてなりませんし、仮に税務調査に来られたとしても、やましいことがないためどこまでも反論ができます。これは誰にでもできて、かつ最も確実な税務調査対策ですから必ず実践しましょう。

とりわけ、ビジネスが大きくなり利益をたくさん得られようになると、今までとは考えられないほど多額の税金を納めなければならない時が来ます。

「苦労して商売を大きくしたのに、こんなに納税が発生するのか。労力には見合わない」――こんなささやきを必ず経験することになりますが、決してそのささやきには負けないようにしましょう。脱税は節税ではありませんので、この一線を越えて、いいことは何1つありません。

なお、私の現職時代には、納税者が行なえば絶対に許されない、裏金作りなどがかつて税務署の内部では行なわれていたようです。

実際に聞いた手口を紹介しますと、上級官庁である国税局から交付される職員の福利厚生用の金券について、職員に交付することなく金券ショップで換金して裏金を作ったり、税務署でアルバイトを雇ったことにして、そのアルバイトの給与を隠し口座にプールしたりするといったもののようです。

現在もこのような不正が行なわれているかどうかはわかりませんが、税務署と違い不正をしないからこそ、よけいに皆さまの正義感が税務調査で大きな自信につながりますし、自信を持って税務署にも経費を主張できることになるのです。

最後になりますが、本書の作成においてサポートいただいた皆さまに感謝を申し上げたいと思います。

本書の執筆やそのほかの仕事で、いつも帰りが遅くなる私を支えてくれる家族には心から感謝しています。新しく生まれてくる赤ちゃんを含めて家族4人で、本書の出版を盛大にお祝いしましょう。

次に、本書の出版を許可していただいたフォレスト出版さまの寛大なお心には感謝しきりです。編集者によっては、税務の実態を考慮することなく、「税務調査で節税するなんて一般の方は怖がるから売れないだろ！」と、本を売ることしか考えずに、頭ごなしに否定される方もいらっしゃいます。

しかし、真摯に私の言葉に耳を傾け、「怖がるから売れない」リスクも考慮したうえで、本書の出版をお許しいただきありがたい限りです。1人でも多くのフリーランスの方に、正しい節税ノウハウを伝えられれば、これに勝る喜びはありません。

本書の執筆時現在、世界全体に大きな影を落とすコロナ禍は収まってはいません。
このコロナ禍の終息を願い、筆をおかせていただきます。

２０２１年7月　松嶋 洋

松嶋 洋（まつしま よう）

元国税調査官・税理士
1979年福岡県生まれ。2002年東京大学卒。2003年東京国税局入局後、法人税の税務調査・審理事務等に従事し、2007年9月退官。その後、経団連の関連団体である日本税制研究所を経て、2011年9月に独立。
現在は国税経験を活かし、税務調査に苦しむ納税者の代理人として全国で活動。そのほか、「税理士の税理士」として、全国の税理士の税務調査対策や税務相談に従事し、かつ税理士向けのセミナーや執筆も主な業務として活動している。
著書に『元国税調査官が暴く 税務署の裏側』（東洋経済新報社）、『社長、その領収書は経費で落とせます！』（中経出版）、『押せば意外に 税務署なんて怖くない』（かんき出版）などがある。現在「納税通信」において「税務調査の真実と調査官の本音」という400回を超える税務調査に関するコラムを連載中。

Facebook ▶ https://www.facebook.com/motokokuzei
Twitter ▶ @yo_mazs

元国税調査官の税理士に聞いてみた「フリーランスの税金を1円でも安くする方法を教えてください」

2021年10月4日 初版発行

著者	松嶋 洋
発行者	太田 宏
発行所	フォレスト出版株式会社
	〒162-0824 東京都新宿区揚場町2-18 白宝ビル5F
電話	03-5229-5750（営業）
	03-5229-5757（編集）
URL	http://www.forestpub.co.jp
印刷・製本	日経印刷株式会社

ISBN978-4-86680-143-8 Printed in Japan

国税調査官の実態と弱点を知り、経費の範囲を広げよう

特別データ

無料プレゼント

著者・松嶋 洋さんより

本書では収録し切れなかった「国税調査官の実態と彼らが苦手としている人たち」と「交渉を有利に進めるための“即納の申し出”というテクニック」についてまとめたPDFファイルを読者の皆さまにご提供します。ぜひともご活用ください。

特別プレゼントはこちらから無料ダウンロードできます↓

http://frstp.jp/zei1

※特別プレゼントはWeb上で公開するものであり、小冊子・DVDなどをお送りするものではありません。

※上記無料プレゼントのご提供は予告なく終了となる場合がございます。あらかじめご了承ください。